日本における労働移動に関する実証分析

佐藤 一磨

三菱経済研究所

はじめに

　本書の目的は，わが国における労働移動の現状を政府統計，および個票データを用い，明らかにすることである．

　この題材を選んだ理由は，常々思っていた次の2つの疑問に答えを出すためである．その疑問とは「日本において転職する労働者の数は増加したのか」，そして「転職によって賃金は増加したのか」である．

　この2つの疑問は少し前の日本の労働市場なら簡単に答えを出すことができた．わが国の労働市場には日本的雇用慣行といわれる雇用制度があり，一度企業へ就職すると定年まで勤続する傾向が強い．このため，日本の労働者は欧米諸国と比較して転職しにくいといわれてきた．また，賃金に関しては転職によって生涯所得が大きく低下するといわれてきた．

　しかし，バブル経済が崩壊し，「失われた20年」といわれる長期不況を経験したいまでは日本の労働市場環境が大きく変化した．さまざまなメディアで日本的雇用慣行の崩壊が叫ばれ，これまで一般的であった働き方が必ずしも一般的ではなくなってきている．実際，政府統計の個票データを用いた最新の研究をみると，日本的雇用慣行が徐々に崩れてきている可能性が示唆されている．

　このような労働市場環境の変化があった場合，労働移動の動向にも変化があったと予想される．高い企業定着率を維持してきた日本的雇用慣行が崩れた場合，自ずと転職率は高くなるはずである．しかし，長期不況下では良好な転職先を探すことが困難となるため，そのまま同一企業で働きつづける労働者が増加した可能性もある．また，バブル崩壊前後で非正規雇用者が大きく増加したため，どの属性の労働者の転職行動をみるかによって結果が異なってくる可能性も考えられる．さらに，賃金についても長期不況の影響によって低下している可能性もあれば，転職者の増加による外部労働市場の整備によって上昇した可能性もある．このように，転職と賃金の動向について

はさまざまな可能性があるため，一概にどう変化したのか予想は難しい．そこで，本書では転職と賃金の動向をさまざまなデータを用いて検証していく．本書を通じてわが国の転職市場の現状とこれからの雇用政策のあり方について考えていきたい．

　本書の執筆にあたり，多くの方からご指導やご助言をいただいた．まず，本書を執筆する機会を下さった大山道廣名誉教授（慶應義塾大学）に深く感謝したい．また，筆者がご指導いただいている樋口美雄教授（慶應義塾大学）には本書の各章を作成するうえで大変有益なコメントをいただいた．樋口教授からいただいたコメントによって本書は大きく改善されたといえる．さらに，青木透前常務理事（公益財団法人三菱経済研究所）と滝村竜介常務理事（公益財団法人三菱経済研究所）には本書の方針を検討するうえで多くのご助言のみならず温かい励ましをいただいた．心から感謝の意を示したい．最後に，経済学を学ぶうえで物心ともに支えてくれた父安徳，母礼子，そして日々筆者の研究活動を陰に陽に支えてくれている妻理恵に深く感謝したい．

2014 年 12 月

佐藤　一磨

目　次

第1章　日本的雇用慣行の変化と労働移動　　　　　　　　　　1
　1.1　問題意識　　　　　　　　　　　　　　　　　　　　　1
　1.2　各章の概要　　　　　　　　　　　　　　　　　　　　3

第2章　近年の転職行動の現状
　　　　──時系列的変化と国際比較──　　　　　　　　　　9
　2.1　問題意識　　　　　　　　　　　　　　　　　　　　　10
　2.2　労働市場全体における労働移動の変化　　　　　　　　13
　2.3　正規雇用労働者の企業定着率の変化　　　　　　　　　20
　2.4　労働者の企業定着率の変化についての国際比較　　　　28
　2.5　結論　　　　　　　　　　　　　　　　　　　　　　　33

第3章　日本の労働者の生涯における転職回数と転職時期
　　　　──回顧パネルデータを用いた分析──　　　　　　　35
　3.1　問題意識　　　　　　　　　　　　　　　　　　　　　36
　3.2　先行研究　　　　　　　　　　　　　　　　　　　　　37
　3.3　データ　　　　　　　　　　　　　　　　　　　　　　38
　3.4　推計手法　　　　　　　　　　　　　　　　　　　　　39
　3.5　推計結果　　　　　　　　　　　　　　　　　　　　　42
　　3.5.1　労働者はいつ，何回転職するのか　　　　　　　　42
　　3.5.2　転職回数は何によって決まっているのか　　　　　48
　　3.5.3　追加検討事項：学卒時失業率と初職の職種が
　　　　　　転職回数に及ぼす影響　　　　　　　　　　　　51
　3.6　結論　　　　　　　　　　　　　　　　　　　　　　　55

第4章　日本における転職コストの再推計
——転職によって賃金は上昇するのか，それとも低下するのか—— 57

- 4.1　問題意識　58
- 4.2　転職前後の賃金変化の現状　60
- 4.3　先行研究　64
- 4.4　データ　67
- 4.5　推計手法　68
- 4.6　推計結果　73
  - 4.6.1　転職前後の賃金変化に関する記述統計　73
  - 4.6.2　DIDマッチング推計法による推計結果　79
- 4.7　追加検討事項：非金銭的要因と転職の関係　81
- 4.8　結論　84
- Appendix　Kernel MatchingとRadius Matchingを使用した推計　86

第5章　若年時の失職経験がその後の年収，賃金率，労働時間に及ぼす影響　87

- 5.1　問題意識　87
- 5.2　若年就業者を取り巻く労働市場の変化　90
- 5.3　先行研究　95
- 5.4　データ　97
- 5.5　推計手法　98
- 5.6　推計結果　101
  - 5.6.1　記述統計からみた失職後の労働条件の変化　101
  - 5.6.2　DIDマッチング法による推計結果　106
- 5.7　結論　109

第6章　まとめと今後の展望	111
論文の出所一覧	115
参考文献	117

第1章

日本的雇用慣行の変化と労働移動

1.1 問題意識

わが国は戦後の高度経済成長期を経て目覚ましい発展を遂げてきたが，バブル崩壊以降，その経済成長にも陰りがみられるようになってきた．経済成長の鈍化とバブル崩壊に端を発した長期不況は，わが国の経済のさまざまな面に対して大きな影響を及ぼし，労働市場もその例外ではなかった．わが国では年功賃金，終身雇用，企業別労働組合といった日本的雇用慣行と呼ばれる特徴があり，経済成長を促す重要な仕組みの1つと考えられてきたが，この雇用慣行が機能する前提となっていた経済環境がバブル崩壊以降に変化している可能性がある．

この点を検証するため，近年，さまざまな実証分析が行われてきた．これらの分析の結果をみると，日本的雇用慣行には，企業別労働組合以外では大きな変化はなく，企業内の核となる正規雇用就業者はいまでも日本的雇用慣行の適用を受けていると指摘されている．たとえば，年功賃金について分析した服部・前田 (2000) は，学歴別にみれば，大卒男性労働者を中心に賃金プロファイルの傾きが徐々にフラット化してきているものの，全体および企業規模別にみると，1980年代から1990年代にかけて賃金プロファイルに大きな変化は確認されないことを明らかにしている．また，服部・前田 (2000) は，1992年から1997年までの間では学歴別賃金プロファイルのフラット化の動きが一段落したと指摘している．終身雇用について分析した Shimizutani and Yokoyama (2009) は，1990年から2003年までの間において，平均勤続年数はむしろ長期化しているが，すべての正規雇用就業者においてではなく，主に大企業で働く正規雇用就業者においてみられる傾向であることを明らか

にしている．この研究以外でも Chuma（1998），Kato（2001），Kambayashi and Kato（2009）が終身雇用について分析しており，これらの研究の結果，中高年層において終身雇用に大きな変化がみられないことを明らかにした．

以上の分析結果から，1980年代から2000年代初期にかけて，日本的雇用慣行に顕著な変化がみられないと考えられる．しかし，2000年代初期以降の期間を分析した濱秋ほか（2011）の分析結果をみると，年功賃金や終身雇用といった日本的雇用慣行に変化がみられるようになったと指摘されている．濱秋ほか（2011）は，厚生労働省の「賃金構造基本統計調査」の1989年から2008年までの個票データを用いており，その分析の結果，次の2点が明らかになった．（1）賃金プロファイルは1990年代を通じて徐々にフラット化しており，2007年から2008年にかけては40歳代以降で賃金がほとんど上昇しない形に変化している．（2）終身雇用者の比率は1990年代以降，大卒の若年層で大きく低下している．以上の分析結果から，2000年代中盤から後半にかけて，バブル崩壊以降の長期不況による影響が顕在化し，年功賃金や終身雇用といった雇用慣行を維持することが困難になってきている現状があるのではないかと考えられる．

このようにわが国の労働市場の特徴であった日本的雇用慣行は，2000年代中盤以降，変化してきている．この日本的雇用慣行の変化は，労働者の就業行動にも変化をもたらすと考えられる．わが国では年功賃金制度をとることによって，労働者を企業に定着させるとともに，OJTを通じた企業特殊的人的資本の蓄積を促し，生産性を高めてきた（Hashimoto, 1981）．この結果，離職率が低下し，外部労働市場を通じた労働移動が抑制され，労働市場の流動性が低下することとなった．日本的雇用慣行，特に年功賃金制度の変化は，労働者が同一の企業で働きつづけることのメリットを低下させるため，外部労働市場を通じた労働移動が活発化する可能性がある．この結果，労働者の転職行動に変化がみられるようになると考えられる．このように日本の雇用慣行の変化は，労働者の転職行動に変化をもたらすと考えられるが，この点について分析した研究はまだ多くない．しかし，労働者の転職行動の変化は，労働市場における資源配分の効率性と密接な関連があり，今後，産業構造が変化した際に柔軟に労働市場が対応できるかどうかを予測するうえでも重要

な情報となるため,研究意義が深いものだと考えられる.

そこで,本書では,近年の日本的雇用慣行の変化によって,労働者の転職行動にどのような変化がみられるのかを検証していく.具体的には,さまざまな政府統計を用い,わが国の転職行動の現状を把握する.この際,海外の政府統計も用い,国際比較を行う.さらに,転職行動について詳細に分析するために,近年整備が進んでいるパネルデータを使用した分析も行う.パネルデータ(パネル調査)[1]とは,同一の調査対象を何年にもわたって継続調査したデータであり,個々の家計や個人の行動の変化を把握するのに適したデータとなっている.本書では家計経済研究所の「消費生活に関するパネル調査」と慶應義塾大学パネルデータ設計・解析センターの「慶應義塾家計パネル調査」を用い,転職の動向を詳細に検証する.さらに,本書では転職行動と賃金の関係も併せて検証する.特に本書では自発的理由なのか,それとも非自発的な理由なのかといった転職理由を考慮しつつ,賃金との関係を分析していく.

1.2　各章の概要

第2章　近年の転職行動の現状——時系列的変化と国際比較——

第2章では,国内外のさまざまな政府統計を用い,わが国の労働移動の現状を詳細に検討している.具体的には,次の2点を明らかにすることを目的とした.1点目は,労働者の転職行動の時系列的な変化についてである.2点目は,労働者の企業への定着行動の日本と他国の相違点についてである.

---

[1] パネルデータとは同一の調査対象(個人,企業等)を複数年にわたって継続調査し,各調査項目の変化を時系列に沿って把握できるデータとなっている.たとえば,「消費生活に関するパネル調査」では1993年から約1500名の女性について就学・就業状態,家族状況,所得,金融資産,住居,消費といった項目を毎年継続して調査している.北村(2006)で指摘されているように,パネルデータを利用する利点には,継続調査によるサンプルサイズの拡大とデータ上では観察できない個人効果を考慮できる点にある.パネルデータは世界各国で整備が進められており,アメリカではThe Panel Study of Income Dynamics(PSID)やThe National Longitudinal Survey of Youth(NLSY)がある.これ以外でもイギリスのThe British Household Panel Survey(BHPS),ドイツのGerman Socio-Economic Panel Study(GSOEP)がある.

以上の2つの分析を通じて，時系列およびクロスカントリーの視点から，本書で注目する労働移動の現状を明らかにする．本章の分析の結果，次の3点が明らかになった．

（1）時系列データを用い，労働市場全体の転職率の推移を分析した結果，男性，女性とも緩やかに転職率が上昇しており，以前よりも労働移動しやすくなったことがわかった．また，年齢別，産業別，職種別，雇用形態別の転職率の推移をみたが，若年層ほど，サービスに関連する産業，職種ほど，非正規雇用ほど，労働移動しやすくなっていた．これらの属性の労働者の割合が増加するほど，転職率が上昇すると考えられる．

（2）正規雇用就業者の労働移動の推移を分析した結果，年齢構成の変化を考慮しない場合，正規雇用就業者の勤続年数に大きな変化はみられないが，年齢別にその変化を検証すると，男性では若年層を中心に勤続年数が短縮化していることがわかった．また，男女とも50歳以上の高齢層の場合，60歳定年制の普及や高齢者雇用安定法の影響もあり，勤続年数が上昇する傾向にあった．これらの結果から，日本的雇用慣行の影響を強く受ける正規雇用就業者の場合，若年層を中心に労働移動が活発化している可能性がある．また，正規雇用の平均勤続年数の変化を年齢構成比の変化と同一年齢層内の勤続年数の変化に分解し，どちらが大きな影響を及ぼすのか，といった点も検証した．分析の結果，男女とも2000年以前までは，年齢構成比の変化と同一年齢層内の勤続年数の変化の両方が勤続年数を押し上げていたが，2000年以降だと，同一年齢層内の勤続年数の低下が平均的な勤続年数を抑制していた．

（3）クロスカントリーデータを用い，企業定着率について国際比較を行った結果，年齢構成の変化を考慮すると，男性では日本の企業定着率が他国よりも高く，労働移動しにくい傾向があることがわかった．また，女性では日本の女性の企業定着率が他国と比較しても低いわけではないことがわかった．

第3章　日本の労働者の生涯における転職回数と転職時期
　　――回顧パネルデータを用いた分析――

　第3章では「慶應義塾家計パネル調査（KHPS）」を用い，労働者の転職回数やその時期，累積転職回数の決定要因を検証した．前章の分析では政府統計を用い，わが国の転職行動の変化を時系列および国際比較の観点から検証した．政府統計を用いる場合，労働市場全体の転職の動向を把握できるが，各労働者の生涯にわたる転職の動向を把握することが難しい．本章では「慶應義塾家計パネル調査（KHPS）」の就業履歴を用い，この問題を解決した．本章の分析の結果，次の5点が明らかになった．

　（1）イギリスやドイツと同じく，わが国では男女とも29歳までで全転職の約半分を経験していた．

　（2）男女とも29歳以下で転職発生割合が最も高く，年齢階層が上昇するにつれて転職発生割合が低下していた．また，バブル崩壊以降に学校を卒業し，労働市場へ参入した労働者ほど，転職しやすくなっていた．

　（3）男女とも転職が0回，もしくは1回の場合が大半であり，2回以上転職する割合は決して多くなかった．わが国において，転職を多く経験する労働者は，一部だといえる．

　（4）男女とも初職の職種がサービス関連の職種であるほど，転職回数が増加していた．

　（5）累積転職回数の決定要因について分析した結果，高学歴者ほど，正規雇用就業者ほど，労働市場の需給状況が悪化しているほど，累積転職回数が抑制されていた．また，年齢が高く，労働市場における就業経験年数が長いほど，結婚した場合ほど，バブル崩壊以降に学校を卒業し，労働市場で働きはじめた場合ほど，累積転職回数が増加していた．さらに，学卒時失業率が高いほど累積転職回数が増加していた．男性の場合，特に初職の職種がサービス関連の職種だと累積転職回数が増加し，女性の場合，初職の職種が情報処理技術者だと累積転職回数が増加していた．

第4章　日本における転職コストの再推計
——転職によって賃金は上昇するのか，それとも低下するのか——

　第4章では公益財団法人家計経済研究所の「消費生活に関するパネル調査」の個票データを用い，転職が賃金に及ぼす影響を男女別に検証している．第2章と第3章では転職行動について分析を行ったが，本章では転職前後の賃金変化について注目する．労働者が転職する際，さまざまな労働条件の改善を目的としていると考えられるが，その中でも賃金は重要な労働条件の1つだといえる．もし転職によって賃金水準が低下するだけでなく，その影響が持続する場合，そのコストは大きく，転職することが非経済合理的な行動となる．これに対して転職によって賃金水準が上昇する場合，労働条件は改善されるため，転職することが経済合理的な行動となる．このように転職による賃金変化は，転職が促進されるかどうかの重要な基準となると考えられるため，その動向が注目される．この点について，わが国では樋口（2001）などの重要な先行研究がいくつかあるものの，分析上の課題が残っている．本章では，それらの分析上の課題を考慮したうえで，転職が賃金に及ぼす影響を分析した．この分析の結果，次の2点が明らかになった．

　（1）転職と賃金の関係を分析した結果，男性，女性の両方ともほとんどの場合において，転職が時間当たり賃金率の水準や変化率に影響を及ぼしていなかった．

　（2）非金銭的な労働条件と転職行動について分析した結果，さまざまな要因の中でも，上司との人間関係が良好であるほど，転職が抑制される傾向にあった．この結果から，労働者は現在の上司との人間関係が嫌になり転職することが多いと考えられる．

第5章　若年時の失職経験がその後の年収，賃金率，労働時間に及ぼす影響

　第5章では，第4章と同じく「消費生活に関するパネル調査」を用い，若年時における失職経験が再就職後の所得，賃金率，労働時間といった労働条件に持続的な影響を及ぼすかどうかを検証した．これまで第2章と第3章では転職行動について詳細に分析を行い，第4章では転職前後の賃金変化について分析を行ってきた．第4章では転職全体にについて分析したが，本章で

はその中でも特に若年時の非自発的理由による失職が労働条件に及ぼす影響について分析する．

若年時の失職経験が及ぼす影響について注目するのは，次の2つの理由からである．1つ目の理由は，バブル崩壊以降の長期不況によって，若年時における失職が増加したのにもかかわらず，その影響について国内ではあまり分析されていないためである．Kletzer and Fairlie（2003）でも指摘されているように，若年時の失職経験は，所得を大きく低下させるため，その影響は無視できない．2つ目の理由は，太田（2010）で指摘されるように，若年層の雇用環境の悪化は，①人的資本の蓄積の阻害による経済成長率の鈍化，②貧困の連鎖の拡大，③少年犯罪率の上昇，④自殺リスクの上昇，⑤年金制度の維持の困難化，⑥晩婚化と少子化の促進といった点からわが国の経済社会に深刻な影響を及ぼすと考えられるためである．なお，失職経験が所得に及ぼす影響に関する先行研究に佐藤（2015）があるが，本章の分析は（1）所得の計測方法，（2）所得，時間当たり賃金率，年間労働時間の3つに失職が及ぼす影響を分析，（3）分析データ，（4）分析期間といった4点において佐藤（2015）と違いがある．

分析を行った結果，男女両方とも失職4年後まで持続的な年収の低下を経験していることがわかった．この背景を分析した結果，失職年には労働時間の低下による影響が大きく，それ以降になると時間当たり賃金率の低下が大きな影響を及ぼしていた．この傾向は，Kletzer and Fairlie（2003）の分析結果とほぼ整合的である．以上の分析結果から，失職後の所得低下には賃金率の低下が長期間にわたって影響を及ぼすといえる．この背景として，わが国の労働市場の特徴を考慮すると，失職による人的資本の蓄積の遅れや教育訓練量の低下といった要因が大きな影響を及ぼしていると考えられる．

第6章　まとめと今後の展望

第6章では各章から得られた分析結果を整理するとともに，今後求められる雇用政策について検討する．

第2章

近年の転職行動の現状
——時系列的変化と国際比較——

要約

　本章には次の2つの目的がある．1つ目は，国内のさまざまな政府統計を用い，労働者の転職行動の現状について，時系列的な変化を検証することである．2つ目は，海外の先進国の政府統計を用い，労働者の企業への定着行動が日本と他国でどのように異なっているのかを検証することである．これらの分析を通じて，時系列およびクロスカントリーの視点から，わが国の労働移動の現状を詳細に検証する．これらの分析の結果，次の3点が明らかになった．

　1点目は，時系列データを用い，労働市場全体の転職率の推移を分析した結果，男性，女性とも緩やかに転職率が上昇しており，以前よりも労働移動しやすくなったことがわかった．また，年齢別，産業別，職種別，雇用形態別の転職率の推移をみたが，若年層ほど，サービスに関連する産業，職種ほど，非正規雇用ほど，労働移動しやすくなっていた．これらの属性の労働者の割合が増加するほど，転職率が上昇すると考えられる．

　2点目は，正規雇用就業者の労働移動の推移を分析した結果，年齢構成の変化を考慮しない場合，正規雇用就業者の勤続年数に大きな変化はみられないが，年齢別にその変化を検証すると，男性では若年層を中心に勤続年数が短縮化していることがわかった．また，男女とも50歳以上の高齢層の場合，60歳定年制の普及や高齢者雇用安定法の影響もあり，勤続年数が上昇する傾向にあった．これらの結果から，日本的雇用慣行の影響を強く受ける正規雇用就業者の場合，若年層を中心に労働移動が活発化している可能性がある．また，正規雇用の平均勤続年数の変化を年齢構成比の変化と同一年齢層内の勤続年数の変化に分解し，どちらが大きな影響を及ぼすのか，といった

点も検証した．分析の結果，男女とも2000年以前までは，年齢構成比の変化と同一年齢層内の勤続年数の変化の両方が勤続年数を押し上げていたが，2000年以降だと，同一年齢層内の勤続年数の低下が平均的な勤続年数を抑制していた．

3点目は，クロスカントリーデータを用い，企業定着率について国際比較を行った結果，年齢構成の変化を考慮すると，男性では日本の企業定着率が他国よりも高く，労働移動しにくい傾向があることがわかった．また，女性では日本の女性の企業定着率が他国と比較しても低いわけではないことがわかった．

2.1 問題意識

本章には2つの目的がある．1つ目は，総務省統計局「労働力調査」および「就業構造基本調査」，厚生労働省「賃金構造基本統計調査」などの政府統計を用い，労働者の転職行動の現状について，時系列的な変化を検証することである．この分析を通じて，労働市場におけるさまざまな要因が変化するなかで，労働者の転職行動が時系列的にどのように変化してきたのかを明らかにする．2つ目は，海外の先進国の政府統計を用い，労働者の企業への定着行動が日本と他国でどのように異なっているのかを検証することである．この分析を通じて，他国と日本の労働市場の違いが近年どのように変化してきているのかを明らかにする．以上の2つの分析を通じて，時系列およびクロスカントリーの視点から，わが国の労働移動の現状を詳細に明らかにする．

わが国の転職率は他国と比較しても低く，長期雇用の傾向があると指摘されてきた．このわが国の特徴の背景については，Becker (1962)の人的資本理論を用い，説明されることが多い．人的資本理論では，労働者はさまざまな経験や学習を通じて仕事に役立つ知識や技能を習得し，その結果，生産性が上昇し，賃金も増加すると考えている．この労働者が習得する知識や技能は，企業特殊的人的資本と一般的人的資本に分けられる．前者の企業特殊的人的資本は，商品知識，組織運営，人脈などの現在勤めている企業でしか役に立たない知識や技能である．後者の一般的人的資本は，学校教育や専門知識，資格などのどの企業でも役立つ知識や技能である．わが国の場合，特に

企業特殊的人的資本が重視される傾向があり，OJTなどによる企業内教育訓練が実施されてきた．このように教育訓練を通じて企業が労働者に企業特殊的人的資本を蓄積させる場合，簡単に労働者が辞めてしまうと教育訓練にかかった費用が無駄になってしまう．これを防ぐためにも，企業は労働者の定着を高めるよう雇用制度を設計してきた．具体的には，勤続年数の伸びとともに賃金が上昇する年功賃金制度をとるようになった．また，景気後退などによって企業業績が多少悪化した場合でも教育訓練を受けた労働者を解雇せず，雇用保障を重視するようになった．この結果，労働者の企業定着率が向上し，定年まで働きつづける終身雇用の傾向がみられるようになったと考えられる．この場合，労働者の転職行動は抑制され，外部労働市場の規模も小さくなる．

以上がわが国の低い転職率の理論的背景であるが，濱秋ほか（2011）が指摘するように，わが国の年功賃金制度に変化がみられつつある．これまで勤続年数とともに賃金が上昇する傾向が強かったが，近年ではこの傾向が弱まり，賃金プロファイルのフラット化が進んでいる[2]．この勤続年数と賃金の関係の変化は，より良い労働条件を求める場合，転職のメリットの増加を意味するため，労働者の企業定着率を減少させ，転職率を高めると予想される．ただし，ここで注意が必要となるのは，賃金プロファイル以外の転職に影響を及ぼす要因である．太田（1999）で指摘されるように，転職行動には各時点の景気状況が大きな影響を及ぼす．好景気で労働需要が拡大する場合，外部労働市場で良好な転職先を見つけやすくなるが，不景気で労働需要が縮小する場合，外部労働市場で労働条件の良い転職先を見つけることが困難となるため，現在の企業で継続就業するほうが望ましい場合がある．バブル崩壊以降，わが国は長期不況を経験しただけでなく，近年ではリーマン・ブラ

---

[2] このような賃金プロファイルのフラット化は，日本的雇用慣行の変化の一部としてとらえることができる．この点と関連して，樋口・児玉・阿部（2005）は，企業と労働者の関係が「保障と拘束」から「自己責任」へと変化しつつあると議論している．ここでの「保障と拘束」とは，企業が手厚い雇用保障や年功賃金などを保証する半面，長時間労働や配置転換を強いる拘束力があることを指す．これに対して「自己責任」とは，これまで企業の提供してきた雇用保障などが弱まる中で，労働者の自らの責任のもとで能力開発・職業選択などを実施する場面が増加することを指す．

ザーズの破たんによる急速な不況も経験したため，賃金プロファイルがフラット化しても，転職率が必ずしも上昇していない可能性がある．本章では，実際にどのような傾向がみられるのかをさまざまな政府統計を用いて確認する．なお，転職の動向を把握する際，近年整備の進むパネルデータを使用する方法もあるが，転職の発生件数はあまり多くないため，パネルデータでは十分なサンプルを確保できない恐れがある．このため，本章では政府統計を主に使用していく．

　本章での分析を進めるにあたって，次の3点に注意した．1点目は，どのような統計データを使用することが適切なのか，という点である．わが国では多くの労働統計が整備されており，さまざまな側面から労働者の状況を把握することができる．しかし，各データとも調査対象としている労働者の定義やその範囲が若干異なっている場合がある．たとえば，総務省統計局「労働力調査」は，就業者全体や雇用者全体の就業の動向を把握することができるが，厚生労働省「賃金構造基本統計調査」では常用労働者[3]と臨時労働者[4]を，厚生労働省「雇用動向調査」では常用労働者を主な調査対象としており，調査範囲に違いがある．本章ではこの点に注意しつつ，分析を行っていく．

　2点目は，年齢構成の変化についてである．わが国では他の先進国と比較しても急速に高齢化が進んでいる．このため，勤続年数の時系列的な変化をみると，実際は勤続年数が伸びていないのにもかかわらず，高齢者の構成比が増加したために，勤続年数の平均値が長くなる可能性がある．このような問題を避けるためにも，年齢をコントロールした場合の値の変化も検証していく．

　3点目は，労働者の個人属性が及ぼす影響についてである．勤続年数や転職率をみた場合，男女間ではその値に違いがみられると考えられる．また，正規雇用と非正規雇用間でも勤続年数や転職率の値に違いがみられると考え

---

[3] 「賃金構造基本統計調査」における常用労働者とは次にいずれかに該当する労働者を指す．(1) 期間を定めずに雇われている労働者，(2) 1カ月を超える期間を定めて雇われている労働者，(3) 日々または1カ月以内の期間を定めて雇われている労働者のうち，4月および5月にそれぞれ18日以上雇用された労働者．
[4] 臨時労働者とは常用労働者に該当しない労働者を指す．

られる．このような労働者の個人属性を考慮せずに勤続年数や転職率の変化をみると，その動向を適切に解釈できない可能性がある．このため，本章ではさまざまな個人属性別に労働移動の動向を検証していく．

本章の構成は次のとおりである．第2節では労働市場全体における転職率の動向について確認する．ここではさまざまな個人属性別に転職率の推移を検証する．第3節では日本的雇用慣行の影響が強い正規雇用就業者の転職の動向を確認する．第4節では他の先進国と日本の労働移動の動向を比較し，わが国の特徴を確認する．最後の第5節で本章のまとめについて述べていく．

2.2 労働市場全体における労働移動の変化

樋口（1991）で指摘されるように，労働移動の動向を把握する指標として，入職率，離職率，転職率や平均勤続年数および勤続年数分布がある．入職率，離職率，転職率は，ある一定期間における労働者の離転職者の割合を把握した指標であり，労働移動の活発さを示している．これらの指標の場合，労働移動の状況を直接的に把握できる反面，労働移動が特定の労働者によって引き起こされているのか，それとも全体的に労働移動しやすいのかといった点が明確にわからないという限界がある．ただし，近年ではデータの整備が進み，労働者の属性ごとに離転職の状況が把握できるようになってきたため，この限界点も若干解消されつつある．平均勤続年数および勤続年数分布は，1つの企業への定着具合を示す指標となっている．これらの指標の場合，同一企業への定着動向を把握できる反面，その変化が勤続年数の伸長によってもたらされたのか，それとも労働者の構成比の変化によってもたらされたのか明確ではないという限界がある．本節ではそれぞれの利点および限界点を考慮しつつ，労働市場全体における労働移動の変化を検証する．以下ではまず，労働市場全体の動向を把握できる総務省統計局「労働力調査」を用い，転職率の変化をみていく．

図表2.1は男女別の転職率の推移を示している．ここでの転職率とは，前職のある就業者のうち過去1年間に離職を経験した者を転職者とし，就業者数に占める割合を指している．この値をみると，男女とも2008年まで緩やかに転職率が上昇する傾向にある．これは，1990年以降，わが国では労働

図表 2.1 男女別の転職率の推移

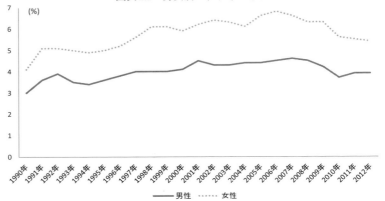

注1：2011年は岩手県，宮城県および福島県を除く全国の結果．
注2：本図表は，労働政策研究・研修機構（2013）「ユースフル労働統計―労働統計加工指標集―2013」の p. 123 をもとに作成している．
資料出所：2001年まで「労働力調査特別調査」（各年2月），2002年以降「労働力調査（詳細集計）」（年平均）．

移動する就業者の割合が増加することを意味する．転職率は通常，好景気時に上昇し，不況期に低下する傾向にあるが，必ずしもそのような傾向はみられないといえる．なお，2009年以降に転職率が低下しているが，この背景には世界的な金融危機による急速な不景気が大きな影響を及ぼしていると考えられる．次に男女別に転職率の水準をみると，いずれの場合も女性のほうが男性よりも高かった．これは，女性のほうが労働移動する就業者の割合が高いことを意味する．女性の場合，結婚，出産などのライフイベントによって離転職しやすく，転職率が高くなる傾向にあると考えられる．

以上の結果から，男性，女性とも緩やかに転職率が上昇しており，以前よりも労働移動しやすくなってきたといえる．ここで疑問となるのは，なぜ労働移動しやくなったのか，という点である．濱秋ほか（2011）で指摘されるように，賃金プロファイルのフラット化が影響を及ぼしている可能性もあるが，労働者の構成比が変化し，転職しやすい属性の労働者の割合が拡大した可能性も考えられる．そこで，この点を詳細に検討するためにも，年齢，産業，職種，雇用形態といった労働者の個人属性別に転職率の推移を確認していく．

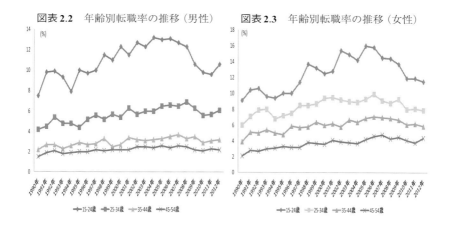

注1：2011年は岩手県，宮城県および福島県を除く全国の結果．
注2：本図表は，労働政策研究・研修機構（2013）「ユースフル労働統計―労働統計加工指標集―2013」のp.123をもとに作成している．
資料出所：2001年まで「労働力調査特別調査」（各年2月），2002年以降「労働力調査（詳細集計）」（年平均）．

　まず，年齢別に転職率の時系列的変化を検証する．図表2.2は男性の年齢別転職率の推移を示し，図表2.3は女性の年齢別転職率の推移を示している．これらの値をみると，男女とも若年層ほど転職率が高いといった傾向を示していた．太田（2010）で指摘されるように，若年時は適職選択の時期であり，もともと転職率が高い傾向にあったが，近年になるほどその傾向がより強くなっているといえる．最も転職率が高いのは，15～24歳であり，男性では約7～13％の範囲で推移し，女性では約9～16％の範囲で推移していた．時系列的な推移をみると，男女とも2007年まで上昇し，2008年から低下する傾向にある．この動きは図表2.1の推移と同じであり，背景には急速な不況が影響を及ぼしていると考えられる．

　次に25～34歳，35～44歳，45～54歳の転職率をみると，男女とも緩やかに上昇する傾向あった．ただし，その上昇幅は15～24歳と比較すると小さく，労働移動は大きく変化しているとはいえない．なお，これらの年齢層で男女間の違いに注目すると，いずれの年齢層でも女性のほうが男性よりも転職率

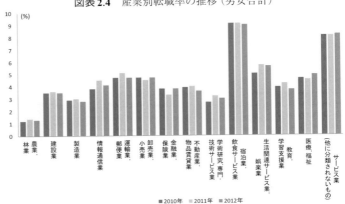

図表 2.4 産業別転職率の推移（男女合計）

注1: 2011年は岩手県，宮城県および福島県を除く全国の結果．
注2: 本図表は，労働政策研究・研修機構（2013）「ユースフル労働統計―労働統計加工指標集―2013」の p. 124 をもとに作成している．
資料出所:「労働力調査（詳細集計）」（年平均）．

の変化が若干大きい傾向があった．やはり女性のほうが男性よりも転職しやすい傾向にあるといえる．以上の結果をまとめると，年齢別の転職率は若年層ほど，女性ほど高いといえるだろう．

次に産業別転職率の時系列的変化を検証する．図表2.4の産業別転職率は，各産業からの転職者数を分子にとり，各産業の入職と離職の変化を加味した純就業者数を分母にとった値となっている[5]．値をみると，特に宿泊業，飲食サービス業とサービス業（他に分類されないもの）の転職率が高い傾向にあることがわかる．これらの産業の就業者数は1990年代以降拡大しており，労働移動も活発だといえる．これに対して転職率が低かったのは，農業，林

---

[5] 産業別転職率は労働政策研究・研修機構（2013）「ユースフル労働統計―労働統計加工指標集―2013」をもとに作成しており，計算式は次のとおりとなる．

$$\text{産業別転職率}(\%) = C/(A - B + C) \times 100$$

ただし，A = 当該産業の就業者数（現職の産業が当該産業である就業者数），$B = A$ のうち，過去1年間に離職を経験した者の数，C = 当該産業の転職者数（前職の産業が当該産業である過去1年間に離職を経験した者の数）とする．

第 2 章　近年の転職行動の現状

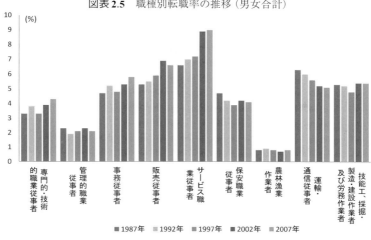

図表 2.5　職種別転職率の推移（男女合計）

注1：本図表は，労働政策研究・研修機構（2013）「ユースフル労働統計―労働統計加工指標集―2013」の p. 125 をもとに作成している．
資料出所：「就業構造基本調査」．

業や製造業であった．これらの産業は逆に近年になるほど就業者数が減少する傾向にある（樋口・児玉・阿部，2005）．このため，比較的転職者割合が高い産業ほどその就業者数を伸ばし，定着率の高い産業ほど就業者数が減少している可能性が高い．

次に職種別転職率の時系列的変化を検証する．図表2.5の職種別転職率は，総務省統計局「就業構造基本調査」を用いて作成しており，各職種からの転職者数を分子にとり，各職種の継続有業者と転職者の和を分母にとった値となっている[6]．これをみると，特に転職率が高かったのはサービス職業従事者であった．販売業従事者も高い値を示しており，サービス業に関連する職種形態だと転職しやすいといえる．これに対して転職率が低かったのは，農林

---

[6] 職種別転職率は労働政策研究・研修機構（2013）「ユースフル労働統計―労働統計加工指標集―2013」をもとに作成しており，計算式は次のとおりとなる．
　　　職種別転職率（％）＝ $D/(D+E) \times 100$
　ただし，$D=$ 有業者のうち，前職の職業が当該職業である1年前以降に前職を辞めた者，$E=$ 当該職業の継続有業者数＋転職者数とする．

漁業作業者であった．農業などの第1次産業で働く場合，定着率が高い傾向にある．なお，その他の職種についてみていくと，事務従事者や専門的・技術的職業従事者だと近年になるほど転職率が上昇していた．これに対して，管理的職業従事者や技能工，採掘・製造・建設作業者および労務作業者は大きな変化を示しておらず，保安職業従事者や運輸・通信従事者だとむしろ転職率が低下していた．このように職種別にみた場合，時系列的な転職率の動向が各職種によって異なっているといえる．

次に雇用形態別転職率の時系列的変化を検証する．図表2.6の雇用形態別転職率は，各雇用形態の労働者のうち，過去1年間に転職を経験した労働者数を分子にとり，該当する雇用形態の労働者総数を分母にとっている[7]．これをみると，正規，非正規間で転職率に大きな違いがあることがわかる．非正規の職員・従業員の転職率のほうが正規の場合よりも高く，2007年まで緩やかに上昇していた．非正規の場合，正規と比較して企業からの教育訓練も少なく，人的資本の蓄積も少ないため，転職しやすくなると考えられる．これに対して正規の職員・従業員の場合，転職率は3～4%台であり，ほぼ横ばいで推移していた．賃金プロファイルがフラット化する中で正規の職員・従業員であっても転職率が上昇する可能性が考えられたが，実際の場合，大きな転職率の変化はみられなかった．

以上，簡単に年齢別，産業別，職種別，雇用形態別の転職率の推移をみたが，若年層ほど，サービスに関連する産業，職種ほど，非正規雇用ほど，労働移動しやすいといえる．これらの属性の労働者の割合が増加するほど，転職率が上昇すると考えられる．実際の動向をみると，阿部（2005）で指摘されるように，産業構造が変化し，サービス業を中心に就業者数が大きく増加している．また，図表2.7～図表2.10にあるように，男女ともに非正規雇用

---

[7] 雇用形態別転職率は労働政策研究・研修機構（2013）「ユースフル労働統計―労働統計加工指標集―2013」をもとに作成している．この場合，正規の職員・従業員の転職率の計算式は次のとおりとなる．

$$正規の職員・従業員の転職率（％）= F/G \times 100$$

ただし，$F=$現在，正規の職員・従業員である労働者のうち，過去1年間に離職を経験した労働者の数，$G=$現在，正規の職員・従業員である労働者の数となっている．なお同様の計算式で非正規の職員・従業員の転職率も算出している．

第 2 章　近年の転職行動の現状

図表 2.6　雇用形態別転職率の推移

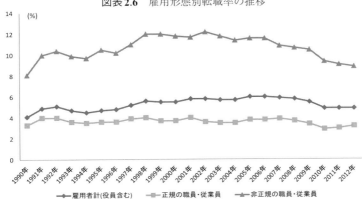

注 1：2011 年は岩手県，宮城県および福島県を除く全国の結果．
注 2：本図表は，労働政策研究・研修機構（2013）「ユースフル労働統計―労働統計加工指標集―2013」の p. 124 をもとに作成している．
資料出所：2001 年まで「労働力調査特別調査」（各年 2 月），2002 年以降「労働力調査（詳細集計）」（年平均）．

図表 2.7　正規・非正規雇用者数の推移（男性）　　図表 2.8　正規・非正規雇用者割合の推移（男性）

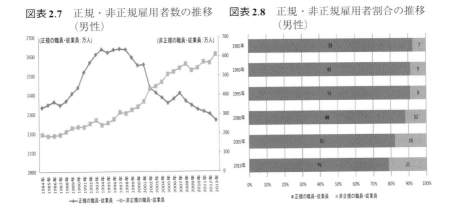

注 1：図表 2.8 の値は，雇用就業者に占める正規の職員・従業員の割合と非正規の職員・従業員の割合を示している．
資料出所：「労働力調査」．

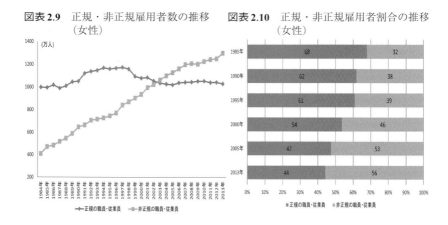

図表 2.9　正規・非正規雇用者数の推移（女性）　　図表 2.10　正規・非正規雇用者割合の推移（女性）

注1：図表2.10の値は，雇用就業者に占める正規の職員・従業員の割合と非正規の職員・従業員の割合を示している．
資料出所：「労働力調査」．

就業者数が増加しており，女性では半分以上が非正規雇用で働くまでに至っている．このように，転職しやすい労働者の割合が拡大しており，それが全体的な転職率を押し上げている可能性がある．

このように転職率が上昇傾向にあるなかで，特定の個人属性の労働者では，転職率に必ずしも変化がみられない場合があった．そのうちの1つが正規雇用就業者である．図表2.6から明らかなとおり，正規雇用の転職率はほぼ横ばいであり，労働移動が活発化しているとはいえない．この結果は2通りの解釈が可能であり，1つ目は，終身雇用の影響が依然として強く，本当に正規雇用就業者の転職率に変化がみられないというものである．2つ目は，実は正規雇用就業者の転職率は変化しているが，平均値ではその変化が明確に表れないというものである．さまざまな個人属性を考慮すると，正規雇用就業者の転職率に変化がみられる可能性がある．そこで，次節では正規雇用就業者の労働移動の動向について，より詳細に検討していく．

2.3　正規雇用労働者の企業定着率の変化

本節では正規雇用就業者の労働移動について詳細に検討する．この際，さ

第2章　近年の転職行動の現状

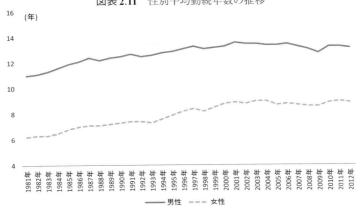

図表2.11　性別平均勤続年数の推移

注1：表中の値は一般労働者の勤続年数の平均値を示している．
資料出所：厚生労働省「賃金構造基本統計調査」．

まざまな個人属性別のデータが利用しやすい「賃金構造基本統計調査」の勤続年数を使用する[8]．勤続年数は各調査時点において労働者が同一企業に何年働いているのかを示す指標であり，値が大きいほど労働者の企業定着率が高いと判断できる．実際の分析では平均勤続年数と勤続年数分布を使用しており，前者は労働者の平均的な企業定着の動向を把握するために使用し，後者は勤続年数の構成比の変化を把握するために使用する．

図表2.11は性別の平均勤続年数の推移を示している．これをみると，男女とも緩やかに上昇し，その後横ばいに推移している．この結果を単純に解釈すれば，男女とも企業定着率が緩やかに高まり，その後大きく変化していないといえる．男性の平均勤続年数は10〜12年であり，女性は6〜8年であった．やはり男性の企業定着率のほうが高いといえる．

---

[8] 「賃金構造基本統計調査」では常用労働者のうちの正社員・正職員の勤続年数を取得することが可能であるが，使用可能期間が2005年以降と短い．そこで，本章では長期間のデータが使用できる一般労働者の勤続年数を正規雇用就業者の値として使用する．ここでの一般労働者とは短時間労働者以外の労働者を指し，短時間労働者とは，1日の所定労働時間が一般の労働者よりも短いか，または1日の所定労働時間が一般の労働者と同じでも1週の所定労働日数が一般の労働者よりも少ない労働者を指す．

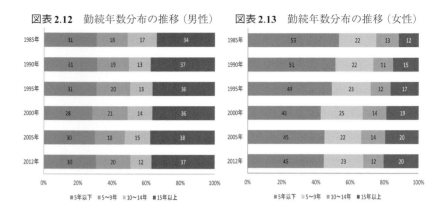

注1：表中の値は一般労働者を分析対象としている．
資料出所：厚生労働省「賃金構造基本統計調査」．

　次に図表2.12, 図表2.13の勤続年数分布をみると，男性では15年以上の割合が最も大きかった．また，各構成比の変化をみると，1985年から2012年までの間で特定の年齢層が大きく変化した傾向はみられなかった．男性の場合，1985年以降で勤続年数分布に大きな変化はみられないといえる．これに対して女性の場合，最も多くの割合を占めていたのは5年以下であった．ただし，1985年以降で構成比が緩やかに減少している．また，近年になるほど15年以上の構成比が徐々に大きくなっていた．女性の場合，1985年以降で勤続年数分布に変化がみられ，緩やかに長期勤続者割合が上昇しているといえる．

　以上の結果から，男性の正規雇用就業者では依然として企業定着率が高く，女性の正規雇用就業者では近年になるほど企業定着率が上昇しているといえる．この結果は，図表2.6の正規の転職率に変化がみられないという傾向と整合的ではある．しかし，この勤続年数の結果を解釈する際，労働者の年齢構成の変化についても考慮する必要がある．わが国では高齢化が急速に進んでいるため，労働市場における長期勤続者のウェイトが高まっている．このため，平均的な勤続年数に変化がなくても，労働市場における平均的な勤続年数が伸びる可能性がある．このような年齢構成の変化を考慮するため

第 2 章　近年の転職行動の現状

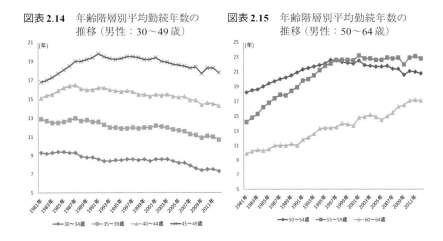

図表 2.14　年齢階層別平均勤続年数の推移（男性：30〜49歳）

図表 2.15　年齢階層別平均勤続年数の推移（男性：50〜64歳）

注 1：表中の値は一般労働者を分析対象としている．
資料出所：厚生労働省「賃金構造基本統計調査」．

にも，各年齢層の平均勤続年数を次にみていく．

　図表 2.14，図表 2.15 は男性の年齢別平均勤続年数の推移を示している．まず，図表 2.14 の値をみると，30〜34 歳，35〜39 歳，40〜44 歳の平均勤続年数は緩やかに減少していた．この結果は，企業定着率が低下していることを意味する．これに対して 45〜49 歳の値をみると，1992 年まで上昇した後，緩やかに低下する傾向にあった．この結果も企業定着率の低下を意味している．

　次に図表 2.15 の値をみると，図表 2.14 とは違って平均勤続年数が上昇している場合が多い．特にこの傾向が顕著なのは 55〜59 歳と 60〜64 歳である．1981 年では 55〜59 歳の平均勤続年数は約 14 年であったが，2012 年だと約 23 年となっていた．また，60〜64 歳の 1981 年の平均勤続年数は約 10 年であったが，2012 年だと約 17 年となっていた．これらの結果から，高齢層では企業定着率が一層高まっているといえる．この背景には 2 つの要因があると考えられる．1 つ目は，60 歳に定年を定めた企業割合の拡大である．1990 年代を通じて 60 歳定年となった企業割合が増加しており，その影響によって 55〜59 歳以下の勤続年数が上昇したと考えられる．2 つ目は，高年齢者雇用安定法（正式名称は高年齢者などの雇用の安定等に関する法律）の改正で

図表2.16 年齢階層別平均勤続年数の推移（女性：30〜49歳）

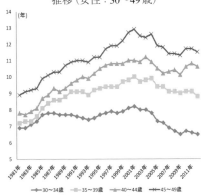

図表2.17 年齢階層別平均勤続年数の推移（女性：50〜64歳）

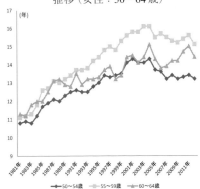

注1：表中の値は一般労働者を分析対象としている．
資料出所：厚生労働省「賃金構造基本統計調査」．

ある．高年齢者雇用安定法は何回か改正されており，その中でも2006年施行の法改正では，努力義務であった65歳までの雇用確保を実施義務に変更している．この結果，60歳以上の勤続年数が上昇した可能性がある．実際，山本（2008）はこの法改正の効果を検証しており，60〜62歳の就業率を大きく上昇させる効果があったことを明らかにしている．また，2012年からも改正された高年齢者雇用安定法が施行されており，定年後の継続雇用対象者を労使協定で限定できた仕組みが廃止されている[9]．この法改正によって，さらに高齢者の勤続年数が伸びる可能性がある．

以上の結果から明らかなとおり，男性では若年層を中心に企業定着率が低下している反面，高齢層では法改正などの影響もあり，緩やかに企業定着率が上昇しているといえる．正規雇用就業者の中でも若年層ほど労働移動しやすくなっていると考えられる．

次に図表2.16，図表2.17は女性の年齢別平均勤続年数の推移をみていく．

---

[9] 2012年の施行の法改正では，(1) 継続雇用制度の対象者を雇用する企業の範囲の拡大，(2) 義務違反の企業に対する公表規定の導入，(3) 高齢者雇用確保措置の実施および運用に関する指針の策定，といった改正も実施された．

まず，図表2.16の値をみると，全体的な傾向として2000年代前半まで平均勤続年数が緩やかに上昇し，2004年から若干低下していた．ただし，30〜34歳，40〜44歳，45〜49歳では2010年から再び勤続年数が上昇する傾向がみられた．男性の場合，若年層を中心に勤続年数が短縮化していたが，女性の場合だと必ずしも持続的な低下傾向はみられないといえる．

次に図表2.17の値をみると，図表2.16とは違って平均勤続年数が上昇している場合が多い．男性と同様に，特にこの傾向が顕著なのは55〜59歳と60〜64歳である．1981年では55〜59歳の平均勤続年数は約11年であったが，2012年だと約15年となっていた．また，60〜64歳の1981年の平均勤続年数は約11年であったが，2012年だと約14年となっていた．これらの結果から，女性の高齢層でも企業定着率が高まっているといえる．この背景には（1）60歳までの定年延長と（2）高齢者雇用安定法の改正が影響を及ぼしていると考えられる．

以上の結果から明らかなとおり，女性では若年層でも企業定着率が持続的に低下しているわけではなく，むしろ2000年代前半まで企業定着率が上昇していた．また，50歳以上の高齢層をみると，男性と同様に企業定着率が上昇する傾向があった．男女間によって正規雇用就業者の労働移動に違った傾向がみられると考えられる．

以上の結果をまとめると，年齢構成の変化を考慮しない場合だと，正規雇用就業者の勤続年数に大きな変化はみられないが，年齢別にその変化を検証すると，男性では若年層を中心に勤続年数が短縮化していた．また，男女とも50歳以上の高齢層の場合，60歳定年制の普及や高齢者雇用安定法の影響もあり，勤続年数が上昇する傾向にあった．これらの結果から，日本的雇用慣行の影響を強く受ける正規雇用就業者の場合，若年層を中心に労働移動が活発化している可能性がある．

最後に，平均勤続年数の変化を年齢構成比の変化と同一年齢層内の勤続年数の変化に分解し，どちらが大きな影響を及ぼすのかを検証する．図表2.18は男性における1981〜1990年，1990〜2000年，2000〜2012年の各期間の平均勤続年数の変化（％）を同一年齢内勤続年数変化（％）と年齢構成比変化（％）に分解した結果である．分解結果をみると，1981〜1990年と1990〜

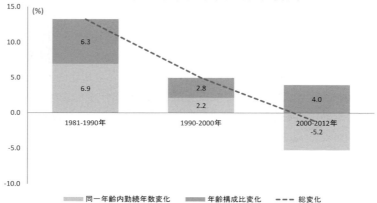

図表2.18 平均勤続年数の要因分解結果（男性）

注1：分析対象は20〜64歳までの一般労働者の男性である．
注2：分解に使用した式は次のとおりである．

$$\Delta T = \sum_{j}^{n} \Delta S_j \bar{T}_j + \sum_{j}^{n} \Delta T_j \bar{S}_j$$

ただし，Tは平均勤続年数，S_jはj年齢階層の年齢構成比，T_jはj年齢階層の平均勤続年数．上式の右辺第1項は年齢構成比の変化要因を示し，右辺第2項は同一年齢層内の勤続年数の変化要因を示している．
資料出所：厚生労働省「賃金構造基本統計調査」．

2000年の間では勤続年数が増加しており，年齢構成比の変化と同一年齢層内の勤続年数の変化がそれぞれ同程度の正の影響を及ぼしていた．2000年以前までは，年齢構成比の変化と同一年齢層内の勤続年数の変化の両方が勤続年数を押し上げていたといえる．2000〜2012年では，年齢構成比が正の値を示すものの，同一年齢層内の勤続年数の変化が負の値を示していた．この結果は，年齢構成比の変化が勤続年数を押し上げる効果があるものの，同一年齢層内の勤続年数が低下したことを意味する．2000年以降だと，同一年齢層内の勤続年数の低下が平均的な勤続年数を抑制する効果があったと考えられる．

次に，女性の分析結果についてみていく．図表2.19は女性における1981〜1990年，1990〜2000年，2000〜2012年の各期間の平均勤続年数の変化（％）を同一年齢内勤続年数変化（％）と年齢構成比変化（％）に分解した結果であ

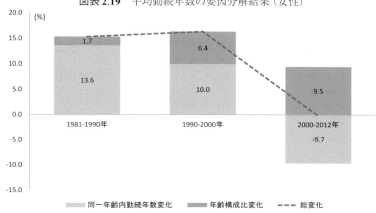

図表 2.19　平均勤続年数の要因分解結果（女性）

注1: 分析対象は20〜64歳までの一般労働者の女性である．
注2: 分解に使用した式は，図表2.18の脚注2を参照されたい．
資料出所：厚生労働省「賃金構造基本統計調査」．

る．分解結果をみると，1981〜1990年と1990〜2000年の間では勤続年数が増加しており，両期間ともを同一年齢内の勤続年数変化が主な原因であった．女性の場合，同一年齢内の勤続年数の上昇が平均勤続年数を増加させたと考えられる．2000〜2012年では，年齢構成比が正の値を示すものの，同一年齢層内の勤続年数の変化が負の値を示していた．この結果は，年齢構成比の変化が勤続年数を押し上げる効果があるものの，同一年齢層内の勤続年数が低下したことを意味する．男性と同様に，女性でも同一年齢内の勤続年数の低下が全体的な勤続年数を抑制したと考えられる．

以上の結果をまとめると，男女とも2000年以前までは平均勤続年数が上昇しているものの，2000年以降になると同一年齢層内の勤続年数の低下によって，平均勤続年数が抑制されていた．なお，2000年以降でも年齢構成比の変化は勤続年数を上昇させており，この背景には高齢化が影響を及ぼしていると考えられる．

以上，正規雇用就業者の労働移動の変化について検証したが，男性の若年層を中心に勤続年数が短縮化し，労働移動しやすくなったといえる．この傾向は他国と比較しても顕著な変化なのだろうか．わが国の労働者は企業定着

率が高く,他国の労働者よりも労働移動しにくいと指摘されてきたが,その傾向に変化はみられたのだろうか.次節ではこの点をクロスカントリーデータを用いて検証する.

2.4 労働者の企業定着率の変化についての国際比較

本節では日本を含めた各国の労働移動について詳細に比較検討する.この際,比較的にデータが使用しやすい勤続年数を用いて,労働移動の動向について検証する.これまでの分析では主に時系列データを用いて労働移動の変化を検証したが,他国と比較することによってわが国独自の特徴が明らかになると考えられる.特に本節で明らかにしたいのは,わが国では依然として他国よりも長期雇用の傾向が強く,労働移動しにくいのか,という点である.前節の分析結果から明らかなとおり,正規雇用就業者でも若年層を中心に企業定着率が低下しているため,他国との相対的な関係にも変化が見られる可能性がある.実際にはどのような傾向がみられるのかを確認していく.

勤続年数の変化を検証する前に,企業定着率に大きな影響を及ぼす勤続年数別の賃金推移について確認する.樋口(1991)で指摘されるように,海外の先進国と比較してわが国の勤続年数別の賃金上昇幅は大きい.しかし,濱秋ほか(2011)で指摘されているように,わが国では賃金プロファイルのフラット化が進んでいる.このため,他国との勤続年数別の賃金推移について変化がみられる可能性がある.実際に,図表2.20,図表2.21の勤続年数別の賃金推移をみると,男女とも依然として日本の賃金上昇が大きい傾向にあった.特にこの傾向が顕著になるのは勤続年数が10年後以降であり,他国では賃金上昇が鈍化していた.この結果から,わが国では依然として年功賃金の傾向が他国よりも強いといえる.

この結果から,労働者の企業定着率の変化に対して,どのような示唆が得られるのだろうか.おそらく,わが国では他国よりもまだ年功賃金の要因が強く,同一企業で継続就業した場合の経済的便益が大きいため,企業定着率も高いと考えられる.この点を確認するためにも次に日本を含めた各国の勤続年数分布について確認する.図表2.22,図表2.23は日本,アメリカ,イギリス,フランス,ドイツ,イタリアの15〜64歳の労働者の勤続年数分布の

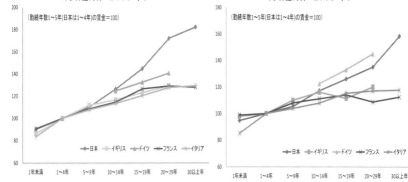

図表2.20　男性の勤続年数別賃金推移（製造業，2006年）

図表2.21　女性の勤続年数別賃金推移（製造業，2006年）

注1：日本の賃金は，きまって支給する現金給与額であり，EU各国の賃金は月間平均収入額である．
注2：本図表は「データブック国際労働比較　2013」のp.177の第5.13表から作成している．
資料出所：日本：厚生労働省（2012.2）「平成23年賃金構造基本統計調査」，その他：EU（2011.6）Structure of Earnings Survey 2006.

　推移を示している．なお，勤続年数期間の区切りが日本と他国では若干異なるため，日本のみを別表として掲載してある．まず，図表2.22の男性の結果からみていくと，1年未満の勤続年数の割合が最も高かったのはアメリカであり，次いでイギリスが高い値を示していた．これらの国では企業定着率が低く，労働移動が活発だと考えられる．これに対して日本の1年未満の勤続年数の割合は最も低く，アメリカの3分の1程度であった．次に10年以上の勤続年数の割合をみると，2006年まで日本が最も高い値を示していた．しかし，2012年になると，イタリアのほうが若干高い比率を示していた．これらの結果から，少なくとも2006年時点までは日本の長期雇用の傾向が依然として強いといえる．

　次に図表2.23の女性の結果についてみていくと，1年未満の勤続年数の割合が最も高かったのはアメリカであり，次いでイギリスが高い値を示していた．この傾向は男性と同じだといえる．日本の値をみると，比率が最も小さい場合が多かった．次に10年以上の勤続年数の割合をみると，イタリア，

図表2.22　15〜64歳の勤続年数分布の推移（男性）

(%)

		0年	1〜2年	3〜4年	5〜9年	10年以上	合計
日本	1996年	6.5	11.9	11.0	20.5	50.1	100
	2000年	6.2	12.0	10.2	20.6	51.0	100
	2006年	7.5	13.0	9.5	17.5	52.4	100
	2012年	6.6	12.4	11.3	20.3	49.3	100
		1年未満	1-3年未満	3-5年未満	5-10年未満	10年以上	合計
アメリカ	1996年	25.4	8.1	19.8	19.2	27.5	100
	2000年	25.9	7.8	21.4	17.2	27.7	100
	2006年	24.3	6.9	22.3	20.6	25.9	100
	2012年	21.6	11.6	16.4	21.3	29.0	100
イギリス	1996年	18.1	18.0	10.3	19.3	34.4	100
	2000年	19.9	15.1	14.5	16.8	33.7	100
	2006年	18.1	17.2	11.7	22.5	31.0	100
	2012年	15.6	15.5	10.9	25.5	32.5	100
フランス	1996年	13.5	14.5	10.0	18.6	43.4	100
	2000年	17.1	11.7	10.6	16.1	44.4	100
	2006年	16.0	11.5	8.1	21.6	42.8	100
	2012年	15.2	11.8	7.7	19.5	45.9	100
ドイツ	1996年	12.5	16.7	11.6	19.3	39.9	100
	2000年	14.5	13.4	10.9	18.5	42.6	100
	2006年	14.6	12.5	8.4	20.6	44.0	100
	2012年	14.8	14.1	8.6	17.6	44.8	100
イタリア	1996年	7.7	13.5	9.7	21.6	47.4	100
	2000年	11.9	10.7	10.8	16.9	49.7	100
	2006年	11.7	11.5	9.2	22.5	45.2	100
	2012年	9.7	10.1	8.2	21.6	50.4	100

注1: 分析対象は15〜64歳の男性である．
資料出所：日本　厚生労働省「賃金構造基本統計調査」，その他　OECD. Stat Extracts（http://stats.oecd.org/）．

フランス，ドイツの値が日本よりも大きかった．イタリア，フランス，ドイツで働く女性の場合，日本の女性よりも企業定着率が高いと考えられる．おそらく，これらの国々では女性の社会進出やワークライフバランス施策の普及が進んでおり，結婚，出産等のライフイベント前後でも就業を続ける女性の割合が多くなったことが影響を及ぼしているのではないだろうか．イギリス，アメリカと日本の10年以上の勤続年数の割合をみると，日本のほうが高いが，その差は近年縮小しつつあるといえる．これらの結果から，女性の場合，他の先進国と比較して女性の企業定着率が高いわけではなく，労働移動しやすい傾向にあるといえる．この背景にはさまざまな要因が影響を及ぼしていると考えられるが，その要因の1つに，出産前後での離職割合が高いといったわが国の状況が存在すると考えられる．

以上の結果から，男性では少なくとも2006年時点まで他国と比較しても最も長期雇用の傾向が強く，女性では他国と比較しても労働移動しやすい状況にあるといえる．しかし，この勤続年数の結果を解釈する際，国内の時系

第2章　近年の転職行動の現状

図表2.23　15〜64歳の勤続年数分布の推移（女性）

		0年	1〜2年	3〜4年	5〜9年	10年以上	(%) 合計
日本	1996年	10.7	18.2	17.2	24.9	29.1	100
	2000年	9.9	18.7	14.0	24.7	32.7	100
	2006年	12.1	19.6	13.5	21.3	33.6	100
	2012年	10.4	18.5	15.6	23.2	32.2	100
		1年未満	1-3年未満	3-5年未満	5-10年未満	10年以上	合計
アメリカ	1996年	27.3	9.1	20.5	20.4	22.7	100
	2000年	28.4	8.3	22.0	17.1	24.2	100
	2006年	25.4	7.4	22.4	21.2	23.7	100
	2012年	21.8	11.4	17.3	22.3	27.2	100
イギリス	1996年	20.0	20.7	12.2	22.2	24.9	100
	2000年	21.3	16.9	14.8	18.8	28.2	100
	2006年	18.8	18.0	12.2	23.6	27.4	100
	2012年	15.4	15.4	11.6	26.1	31.5	100
フランス	1996年	14.3	15.0	10.9	18.9	40.9	100
	2000年	16.6	11.4	10.8	18.4	42.8	100
	2006年	15.2	11.4	8.5	21.1	43.8	100
	2012年	14.7	11.4	8.0	20.3	45.7	100
ドイツ	1996年	14.2	19.0	14.1	21.9	30.8	100
	2000年	16.8	14.8	11.9	22.2	34.3	100
	2006年	15.0	13.5	9.4	22.8	39.3	100
	2012年	15.5	14.9	9.5	18.1	41.9	100
イタリア	1996年	9.0	14.6	11.8	22.8	41.7	100
	2000年	14.0	11.4	11.1	18.1	45.4	100
	2006年	13.1	11.4	9.7	24.1	41.7	100
	2012年	11.3	11.0	9.0	22.1	46.7	100

注1：分析対象は15〜64歳の女性である．
資料出所：日本　厚生労働省「賃金構造基本統計調査」，その他　OECD. Stat Extracts（http://stats.oecd.org/）．

列分析と同様に，労働者の年齢構成の違いについて考慮する必要がある．今回分析対象としている先進国間で労働者の年齢構成比が異なっていると考えられ，それが勤続年数分布にも影響を及ぼす可能性がある．このような年齢構成の変化を考慮するためにも，ここでは35〜39歳に年齢層を限定し，勤続年数分布を検証していく．

図表2.24は男性の35〜39歳の勤続年数分布を示している．これをみると，1年未満の割合はアメリカとフランスで高い傾向にあった．これに対して日本の1年未満の割合は最も小さかった．また，10年以上の割合をみると，最も大きい値を示していたのは日本であった．日本の10年以上の割合は，他国よりも約10％以上高いことが多く，図表2.22でみた場合よりも明確な傾向となっている．以上の結果から，労働者の年齢構成をコントロールすると，男性では日本の企業定着率が高く，労働移動しにくい傾向が明確になるといえる．

図表 2.24　35～39歳の勤続年数分布の推移（男性）

(%)

		0年	1～2年	3～4年	5～9年	10年以上	合計
日本	1996年	3.3	6.3	7.1	18.2	65.1	100
	2000年	3.4	6.6	6.6	16.7	66.6	100
	2006年	4.9	9.0	6.8	14.7	64.6	100
	2012年	4.6	9.2	9.7	21.7	54.9	100
		1年未満	1-3年未満	3-5年未満	5-10年未満	10年以上	合計
アメリカ	1996年	17.7	7.8	19.6	24.4	30.5	100
	2000年	19.2	6.7	22.1	22.6	29.4	100
	2006年	20.0	6.1	22.6	26.7	24.7	100
	2012年	17.4	10.8	17.3	28.7	25.7	100
イギリス	1996年	12.3	14.5	9.6	21.5	42.1	100
	2000年	15.2	13.1	13.7	18.3	39.7	100
	2006年	13.5	14.4	10.9	26.0	35.2	100
	2012年	11.8	13.9	11.8	30.4	32.2	100
フランス	1996年	17.0	13.0	8.5	29.9	31.6	100
	2000年	16.9	12.8	12.9	18.2	39.2	100
	2006年	15.0	13.7	9.4	28.6	33.3	100
	2012年	13.4	14.5	7.6	27.8	36.8	100
ドイツ	1996年	8.9	10.7	8.7	20.7	51.1	100
	2000年	12.4	9.1	9.4	17.8	51.3	100
	2006年	11.7	9.4	8.3	25.9	44.7	100
	2012年	11.8	10.1	7.9	23.6	46.5	100
イタリア	1996年	5.0	9.2	8.1	26.3	51.5	100
	2000年	8.7	7.5	9.9	20.4	53.5	100
	2006年	10.0	9.6	10.0	27.1	43.3	100
	2012年	8.9	9.6	8.8	27.2	45.5	100

注1：分析対象は35～39歳の男性である．
資料出所：日本　厚生労働省「賃金構造基本統計調査」，その他　OECD. Stat Extracts
　　　　　（http://stats.oecd.org/）．

　次に図表2.25は女性の35～39歳の勤続年数分布をみると，1年未満の割合はアメリカが最も高く，日本が最も低い傾向にあった．また，10年以上の割合をみると，日本，イタリア，フランスの割合が高かった．これらの国では35～39歳における企業定着率が高いといえる．この結果は，図表2.22と異なっており，背景には各国の年齢構成の違いが影響を及ぼしていると考えられる．以上の結果から，労働者の年齢構成をコントロールすると，日本の女性の企業定着率は，他国と比較しても低いわけではないといえる．
　以上，労働者の年齢構成をコントロールした結果をまとめると，男性では日本の企業定着率が高く，労働移動しにくい傾向が明確になることがわかった．また，女性では日本の女性の企業定着率が他国と比較しても低いわけではないことがわかった．時系列の分析結果と同様に，年齢構成の違いが勤続年数分布に大きな影響を及ぼしていると考えられる．

図表 2.25　35〜39歳の勤続年数分布の推移（女性）

		0年	1〜2年	3〜4年	5〜9年	10年以上	合計(%)
日本	1996年	8.3	13.5	12.7	22.1	43.4	100
	2000年	7.3	13.5	11.4	20.4	47.4	100
	2006年	9.1	15.4	11.7	17.8	46.0	100
	2012年	8.1	15.0	13.5	22.9	40.5	100
		1年未満	1-3年未満	3-5年未満	5-10年未満	10年以上	合計
アメリカ	1996年	21.0	8.1	22.2	25.8	22.9	100
	2000年	22.2	8.3	25.7	21.5	22.3	100
	2006年	20.7	7.5	24.6	26.7	20.5	100
	2012年	16.6	11.2	18.0	29.5	24.7	100
イギリス	1996年	16.6	21.2	14.3	23.3	24.6	100
	2000年	19.0	16.8	15.3	20.8	28.1	100
	2006年	14.7	16.9	12.1	26.6	29.7	100
	2012年	11.7	11.2	11.5	29.1	32.4	100
フランス	1996年	9.9	12.3	9.9	18.7	49.2	100
	2000年	11.9	9.1	10.3	19.6	49.2	100
	2006年	12.3	11.0	8.4	22.6	45.8	100
	2012年	11.2	9.7	8.1	23.5	47.5	100
ドイツ	1996年	12.7	18.8	15.5	22.2	30.8	100
	2000年	15.0	15.0	11.8	24.3	33.8	100
	2006年	12.6	12.5	9.3	26.5	39.1	100
	2012年	14.1	14.9	10.3	21.4	39.3	100
イタリア	1996年	6.5	10.2	9.1	24.2	50.1	100
	2000年	11.4	7.7	10.3	20.4	50.2	100
	2006年	11.5	10.5	10.0	29.1	38.8	100
	2012年	10.0	10.5	9.5	29.1	41.0	100

注1：分析対象は35〜39歳の女性である．
資料出所：日本　厚生労働省「賃金構造基本統計調査」，その他　OECD. Stat Extracts (http://stats.oecd.org/)．

2.5　結論

　本章には次の2つの目的があった．1つ目は，国内のさまざまな政府統計を用い，労働者の転職行動の現状について，時系列的な変化を検証することである．2つ目は，海外の先進国の政府統計を用い，労働者の企業への定着行動が日本と他国でどのように異なっているのかを検証することである．これらの分析を通じて，時系列およびクロスカントリーの視点から，わが国の労働移動の現状を詳細に検証した．これらの分析の結果，次の3点が明らかになった．

　1点目は，時系列データを用い，労働市場全体の転職率の推移を分析した結果，男性，女性とも緩やかに転職率が上昇しており，以前よりも労働移動しやすくなったことがわかった．また，年齢別，産業別，職種別，雇用形態別の転職率の推移をみたが，若年層ほど，サービスに関連する産業，職種ほど，非正規雇用ほど，労働移動しやすくなっていた．これらの属性の労働者

の割合が増加するほど，転職率が上昇すると考えられる．

2点目は，正規雇用就業者の労働移動の推移を分析した結果，年齢構成の変化を考慮しない場合，正規雇用就業者の勤続年数に大きな変化はみられないが，年齢別にその変化を検証すると，男性では若年層を中心に勤続年数が短縮化していることがわかった．また，男女とも50歳以上の高齢層の場合，60歳定年制の普及や高齢者雇用安定法の影響もあり，勤続年数が上昇する傾向にあった．これらの結果から，日本的雇用慣行の影響を強く受ける正規雇用就業者の場合，若年層を中心に労働移動が活発化している可能性がある．また，正規雇用の平均勤続年数の変化を年齢構成比の変化と同一年齢層内の勤続年数の変化に分解し，どちらが大きな影響を及ぼすのか，といった点も検証した．分析の結果，男女とも2000年以前までは，年齢構成比の変化と同一年齢層内の勤続年数の変化の両方が勤続年数を押し上げていたが，2000年以降だと，同一年齢層内の勤続年数の低下が平均的な勤続年数を抑制していた．

3点目は，クロスカントリーデータを用い，企業定着率について国際比較を行った結果，年齢構成の変化を考慮すると，男性では日本の企業定着率が他国よりも高く，労働移動しにくい傾向があることがわかった．また，女性では日本の女性の企業定着率が他国と比較しても低いわけではないことがわかった．

労働市場において，転職を通じた労働移動は労働資源の再分配するうえで必要不可欠である．これまでわが国では外部労働市場を通じた労働移動が少なく，労働資源の再分配が適切に実施されていない恐れがあると指摘されてきたが，近年では労働市場全体の転職率も緩やかに上昇し，状況は変わりつつある．ただし，本章の分析結果から明らかなとおり，非正規雇用などの特定の個人属性の労働移動が活発化する傾向にあり，これが本当に最適な労働資源の再分配に寄与しているのかをさらに検討する必要がある．ただ単に労働移動が活発化すればよいというわけではなく，転職後の職場で労働者の能力がより発揮されたり，労働条件が向上するといった変化が望ましいといえる．

第3章

日本の労働者の生涯における転職回数と転職時期[†]
——回顧パネルデータを用いた分析——

要約

　本章の目的は,「慶應義塾家計パネル調査(KHPS)」を用い,労働者の転職回数やその時期,累積転職回数の決定要因を分析することである.わが国では転職に関する数多くの研究が存在するものの,労働者の生涯にわたる転職行動を記録したデータが存在していなかったため,労働者の長期にわたる転職回数や転職時期等を詳細に分析することができなかった.本稿ではKHPSの就業履歴に関する質問項目を用い,労働者の15歳時点からの転職行動を把握可能な回顧パネルデータを作成し,この課題を解決した.本稿の分析の結果,次の5点が明らかになった.

　1点目は,わが国では男女とも29歳までで全転職の約半分を経験していた.この傾向はイギリスやドイツと同じであった.2点目は,男女とも29歳以下で転職発生割合が最も高く,年齢階層が上昇するにつれて転職発生割合が低下していた.また,バブル崩壊以降に学校を卒業し,労働市場へ参入した労働者ほど,転職しやすくなっていた.3点目は,男女とも転職が0回,もしくは1回の場合が大半であり,2回以上転職する割合は決して多くなかった.わが国において,転職を多く経験する労働者は,一部だといえる.4点目は,男女とも初職の職種がサービス関連の職種であるほど,転職回数が増加していた.5点目は,累積転職回数の決定要因について分析した結果,高学歴者ほど,正規雇用就業者ほど,労働市場の需給状況が悪化しているほど,累積

[†] 本稿の作成にあたり慶應義塾大学パネルデータ設計・解析センターによる「慶應義塾家計パネル調査」の個票データの提供を受けた.ここに記して感謝する次第である.

転職回数が少なかった．また，年齢が高く，労働市場における就業経験年数が長いほど，結婚した場合ほど，バブル崩壊以降に学校を卒業し，労働市場で働きはじめた場合ほど，累積転職回数が多かった．さらに，学卒時失業率が高いほど累積転職回数が多かった．男性の場合，特に初職の職種がサービス関連の職種だと累積転職回数が多く，女性の場合，初職の職種が情報処理技術者だと累積転職回数が多い傾向にあった．

3.1 問題意識

　本章の目的は，「慶應義塾家計パネル調査（KHPS）」を用い，労働者の転職回数やその時期，転職回数の決定要因を分析することである．前章の分析では政府統計を用い，わが国の転職行動の変化を時系列および国際比較の観点から検証した．政府統計を用いる場合，労働市場全体の転職の動向を把握できるが，各労働者の生涯にわたる転職の動向を把握することが難しい．この点に関して，海外の研究をみると，長期にわたるパネルデータや履歴データを活用し，生涯にわたる転職行動を詳細に分析している．これらの分析の結果，アメリカでは労働市場に参入後の最初の10年間に生涯の大半の転職を経験すること，そして，転職による賃金上昇が初期の賃金上昇にとって重要であることを明らかにした（Topel and Ward, 1992）．ただし，転職経験回数が多いほど望ましいというわけではなく，むしろ転職経験回数が多いと賃金に負の影響を及ぼすことが明らかになっている（Light and McGarry, 1998）．また，イギリス（Booth, et al., 1999），ドイツ（Winkelmann, 1994）では労働市場に参入後の最初の10年間に生涯の約半分の転職を経験することが明らかになっている．これらの分析結果から明らかなとおり，海外では若年時に転職が集中しており，賃金に与える影響も大きいといえる．

　これに対して国内の研究をみると，転職と賃金の関係を検証した研究は数多く存在するものの，労働者の長期にわたる転職回数やその時期を分析した研究はあまりない．この背景には労働者の生涯にわたる転職行動を詳細に記録したデータが存在していなかったことが影響を及ぼしていると考えられる．はたして，わが国の労働者は生涯に何回転職を経験し，その回数は近年変化がみられるのだろうか．また，転職を経験する労働者の割合は拡大した

のか,それとも一部の転職しやすい労働者が増加したのか.さらに,転職回数が多い労働者はどのような個人属性を持つのだろうか.これらの疑問に答えることは,わが国の労働者の転職行動の知見を深めるだけでなく,「失業なき労働移動」を進めている今後の雇用政策を考えていくうえでも有益な情報となるため,分析する重要性は高い.

そこで,本章では59歳までの労働者の転職行動(転職回数やその時期)や転職回数の決定要因を分析する[10].使用するデータは「慶應義塾家計パネル調査(以下,KHPS)」である.KHPSを使用する利点は,調査初年度に15歳から現時点までの就業履歴に関する質問があり,労働者の長期にわたる転職回数やその時期を識別できる点にある.本稿ではこの就業履歴に関する質問から作成した回顧パネルデータを用い,労働者の転職行動(転職回数やその時期)や転職回数の決定要因を分析する.

先行研究と比較した際の本稿の特徴は,就業履歴の活用である.就業履歴から作成した回顧パネルデータを使用した研究には「消費生活に関するパネル調査」を用いた前田ほか(2010)や本稿と同じくKHPSを用いた佐藤(2013a)があるが,労働市場参入後の転職行動を長期にわたって分析した研究はまだない.使用できる変数に制限があるものの,このデータを用いればBooth, et al.(1999)と同様に,長期にわたる転職行動が分析可能となり,より詳細に転職行動の変化を検証できると期待される.

本章の構成は次のとおりである.第2節では先行研究を概観し,本稿の位置づけを確認する.第3節ではデータについて説明し,第4節では推計手法について述べる.第5節では推計結果について説明し,最後の第6節では本稿の結論を述べる.

3.2 先行研究

労働者の転職行動(転職回数やその時期)に関する先行研究は海外を中心に数多く存在する.これらの研究をみると,若年時に多くの転職を経験することを示す研究が多い.たとえば,Hall(1982)はアメリカのCurrent Popula-

---

[10] 本章における転職回数とは各時点における労働者の累積転職回数を指している.

tion Survey（CPS）を用いて生涯における転職経験回数を算出し，男女とも生涯で約10の職に就くこと，そして，29歳までにその半分の職を経験することを明らかにした．Topel and Ward（1992）はLongitudinal Employee-Employer Data（LEED）を用い，労働市場に参入後の最初の10年間に多くの労働者が7つの職を経験し，これは労働者のすべての転職経験のうちの3分の2に該当することを明らかにしている．さらに，勤続年数の蓄積とともに転職率が低下することも明らかにした．Gregg and Wadsworth（1995）はイギリスのLabor Force Survey（LFS）を用い，30歳前に全転職回数の約半分を経験することを示した．また，Booth, et al.（1999）はイギリスのBritish Household Panel Survey（BHPS）の就業履歴データを用い，長期にわたる転職行動を分析している．この分析の結果，イギリスの男性および女性は平均して5つの職に就き，生涯における転職の半分を労働市場参入後の最初の10年で経験することを明らかにした．また，近年の出生コーホートの労働者ほど転職しやすくなっており，雇用が不安定化する傾向にあることを示した．

以上の先行研究から明らかなとおり，海外では若年時に転職が集中しているといえる．このような転職回数や転職時期についての詳細な研究は国内ではあまりない．総務省「就業構造基本調査」や厚生労働省「雇用動向調査」の転職（入職）率などのデータから若年時に転職率が高いことを指摘する研究はあるが[11]，若年時からの長期にわたる転職動向を分析した研究はまだなく，本章ではこの点を分析する．

3.3　データ

使用データは慶應義塾大学パネルデータ設計・解析センターのKHPSである．この調査は第1回目の2004年1月31日時点において満20〜69歳の男女4005名を調査対象としている．本稿では最新年度の2013年までのデータを分析に利用する．以下では2004年から2013年までのデータをKHPS2004-KHPS2013と呼ぶ．なお，KHPS2007およびKHPS2012では同一の調査方法および年齢層で新規サンプルが追加されており，本稿ではこれらのサンプル

---

[11] 樋口（1991）では転職行動の時系列変化について分析している．

も分析に使用する．また，以下ではKHPS2004からの調査対象をコーホートA，KHPS2007からの新規調査対象をコーホートB，そして，KHPS2012からの新規調査対象をコーホートCと呼ぶ．

今回の分析では，転職行動（転職回数やその時期）や転職回数の決定要因を分析していくが，これらを分析する場合，KHPSの就業履歴に関する質問項目を活用する．KHPSの各初年度調査（KHPS2004，KHPS2007，KHPS2012）では15歳以降から調査時点までの対象者の就学・就業履歴を過去の各年にわたって質問しており，回顧パネルデータとしての利用可能となっている．今回の分析では回顧パネルデータを作成し，15歳から現在までの転職行動を分析する[12]．このような回顧パネルデータを用いた場合，通常のパネルデータよりも長期にわたる労働者の転職行動を把握できるという利点がある[13]．なお，今回は労働市場に参入後の59歳以下の男女を分析対象とした．また，転職に関して分析するため，雇用就業で働いている場合に分析対象を限定している．

3.4　推計手法

本稿の分析では，労働者が労働市場に参入後，いつ転職することが多いのか，その転職回数は何回なのか，そして転職回数はどのような要因から影響を受けるのかといった点を検証する．このため，回顧パネルデータを用い，（1）年齢別転職者構成比，（2）年齢別，個人属性別転職発生割合，（3）年齢別，個人属性別転職回数分布[14]，（4）転職回数の決定要因分析を行う．（1）から（3）については記述統計による分析を行い，（4）についてはOLSによる推計を行う．推計式は次式のとおりである．

$$Y_{it} = X'_{it}\beta + \alpha\Gamma_{it} + \mu_i + \varepsilon_{it} \tag{3.1}$$

---

[12] 回顧パネルデータの詳細な構築方法については佐藤（2013a）を参照されたい．

[13] これに対して回顧パネルデータの問題点として，過去の情報を適切に回答できないために発生するバイアスがある．

[14] （3）年齢別転職回数分布については，戸田・馬（2004）でも同様の分析があるが，本稿では学歴等の個人属性別に年齢別転職回数分布をより詳細に検討している点に違いがある．

ただし，i は個人，t は期間を示し，Y_{it} は転職回数，X_{it} は個人属性，Γ_{it} は1991年以降に学卒ダミー，μ_i は各個人の観察できない固定効果，ε_{it} は誤差項である．

Y_{it} の転職回数は，労働市場参入後の労働者の各時点の累積転職回数を示す．X_{it} の個人属性には女性ダミー，学歴ダミー（中高卒（レファレンス），専門・短大卒，大卒・大学院卒），年齢ダミー（20～29歳（レファレンス），30～39歳，40～49歳，50～59歳），結婚ダミー（結婚した場合=1，それ以外=0），第1子出産ダミー（第1子出産を経験=1，それ以外=0），第2子出産ダミー（第2子出産を経験=1，それ以外=0），第3子出産ダミー（第3子出産を経験=1，それ以外=0）[15]，雇用形態ダミー（正規雇用=1，非正規雇用=0），労働市場における総経験年数ダミー（5年以下（レファレンス），6～10年，11～15年，16年以上），正規雇用経験年数ダミー（5年以下（レファレンス），6～10年，11～15年，16年以上），非正規雇用経験年数ダミー（5年以下（レファレンス），6～10年，11～15年，16年以上），年齢別失業率，コーホートダミー（コーホートBまたはコーホートC=1，それ以外=0）を使用している．Γ_{it} は1991年以降に学校を卒業した場合に1，1990年以前に学校を卒業した場合に0となるダミー変数である．この変数はバブル崩壊以降の学卒の場合だと，転職回数がそれ以前と比較して異なるかどうかを検証するために使用する．

今回の分析では Fixed Effect（FE）OLS と Random Effect（RE）OLS による推計を行い，観察できない固定効果をコントロールする．また，男女計，男性，女性の3つのサンプルに分け，推計する．男女別にサンプルを分割することで，各変数が転職回数に及ぼす影響に男女間で違いあるかどうかを検証できる．推計に使用した変数の基本統計量は図表3.1に掲載してある．なお，今回使用する年齢別失業率は，男女計サンプルの場合に男女計の年齢別失業率を使用し，男性サンプルの場合に男性の年齢別失業率を，女性サンプルの場合に女性の年齢別失業率を使用する．年齢別失業率は，総務省「労働力調査」の10歳階級別の失業率の値を使用している．

---

[15] 男性の場合，配偶者が各出産を経験した場合に1となるダミー変数となっている．

第3章 日本の労働者の生涯における転職回数と転職時期

図表3.1 基本統計量

変数		男女計		男性		女性	
		平均値	標準偏差	平均値	標準偏差	平均値	標準偏差
転職回数		0.651	1.165	0.609	1.156	0.717	1.175
女性ダミー		0.390	0.488				
学歴ダミー	中高卒	0.634	0.482	0.605	0.489	0.680	0.466
	専門・短大卒	0.118	0.323	0.060	0.237	0.210	0.407
	大卒・大学院卒	0.248	0.432	0.335	0.472	0.110	0.313
年齢ダミー	20-29歳	0.328	0.469	0.299	0.458	0.373	0.484
	30-39歳	0.285	0.451	0.317	0.465	0.233	0.423
	40-49歳	0.239	0.427	0.235	0.424	0.246	0.430
	50-59歳	0.148	0.355	0.148	0.355	0.148	0.355
結婚ダミー		0.029	0.168	0.027	0.162	0.032	0.176
第1子出産ダミー		0.015	0.121	0.019	0.135	0.009	0.094
第2子出産ダミー		0.010	0.097	0.013	0.113	0.004	0.065
第3子出産ダミー		0.003	0.052	0.004	0.060	0.001	0.036
雇用形態ダミー	正規雇用	0.831	0.375	0.956	0.205	0.635	0.481
	非正規雇用	0.169	0.375	0.044	0.205	0.365	0.481
労働市場における総経験年数ダミー	5年以下	0.198	0.398	0.161	0.368	0.254	0.436
	6-10年	0.188	0.390	0.168	0.374	0.219	0.414
	11-15年	0.163	0.370	0.159	0.366	0.169	0.375
	16年以上	0.451	0.498	0.512	0.500	0.357	0.479
正規雇用経験年数ダミー	5年以下	0.286	0.452	0.191	0.393	0.435	0.496
	6-10年	0.207	0.405	0.169	0.375	0.266	0.442
	11-15年	0.146	0.353	0.160	0.366	0.125	0.331
	16年以上	0.360	0.480	0.479	0.500	0.174	0.379
非正規雇用経験年数ダミー	5年以下	0.901	0.298	0.976	0.153	0.785	0.411
	6-10年	0.054	0.226	0.015	0.122	0.115	0.319
	11-15年	0.025	0.157	0.004	0.067	0.058	0.234
	16年以上	0.019	0.138	0.005	0.067	0.043	0.202
1991年以降に学卒ダミー		0.133	0.340	0.120	0.325	0.154	0.361
年齢別失業率		3.310	1.697	3.102	1.826	3.601	1.666
コーホートダミー	コーホートA	0.631	0.483	0.646	0.478	0.607	0.488
	コーホートB	0.221	0.415	0.208	0.406	0.242	0.428
	コーホートC	0.148	0.355	0.146	0.353	0.152	0.359
サンプルサイズ		101,886		62,140		39,746	

注1：年齢別失業率は，性別ごとの値を使用している．
注2：KHPS2004-KHPS2013から作成した回顧パネルデータから筆者作成．

　なお，今回の分析では転職回数の決定要因を分析するが，この際，注意すべき点がある．それは，転職回数をその理由別に算出できないという点である．パネル調査以降については転職理由に関する質問項目があるものの，パネル調査以前の転職についてはその理由に関する質問がない．このため，転職回数を理由別に計測することが難しい．自発的な転職か，非自発的な転職かによって影響を及ぼす要因が異なってくると考えられるが，この違いを明確に識別できない．この点は本稿の限界であり，今後の研究課題である．ただし，図表3.2の今回の分析サンプルを用いたパネル調査開始査以降の転職理由構成比をみると，男女とも7割以上が自発的転職者によって占められて

図表3.2 転職理由別転職者構成比

	男女計	男性	女性
非自発的転職者	157	70	87
%	24.49	27.34	22.6
自発的転職者	484	186	298
%	75.51	72.66	77.4
転職者合計	641	256	385
%	100	100	100

注1: 分析対象は雇用就業で働く59歳以下の男女である.
注2: KHPS2004-KHPS2013を用い, 筆者算出.

いた. また, 近年になるほど景気後退によって非自発的理由による転職経験者が増加する傾向にあることを考慮すると(近藤, 2010), パネル調査以前の転職回数の大半が自発的転職者によって占められていると考えられる.

3.5 推計結果

3.5.1 労働者はいつ, 何回転職するのか

本節では(1)年齢別転職者構成比, (2)年齢別, 個人属性別転職発生割合, (3)年齢別, 個人属性別転職回数分布に関する分析を行う.

まず, (1)については, 図表3.3の年齢別転職者構成比をみていく. 図表3.3から男性の場合, 29歳までの転職が全転職の48%を占め, 39歳までだと全転職の75%を占めることがわかる. また, 女性の場合, 29歳までの転職が全転職の53%を占め, 39歳までだと全転職の75%を占めていた. これらの

図表3.3 年齢別転職者構成比

	男性	女性
29歳以下	1,052	1,162
%	48	53
30-39歳	585	490
%	27	22
40-49歳	296	385
%	14	17.56
50-59歳	251	156
%	11	7
合計	2,184	2,193
%	100	100

注1: 分析対象は59歳以下の雇用就業で働く男女である.
注2: KHPS2004-KHPS2013から作成した回顧パネルデータから筆者作成.

図表3.4 年齢別,学卒年別転職発生割合

	男性			女性		
	就業者	転職者	合計	就業者	転職者	合計
29歳以下	21,182	1,052	22,234	16,306	1,162	17,468
%	95.27	4.73	100	93.35	6.65	100
30-39歳	19,294	585	19,879	8,821	490	9,311
%	97.06	2.94	100	94.74	5.26	100
40-49歳	14,337	296	14,633	9,380	385	9,765
%	97.98	2.02	100	96.06	3.94	100
50-59歳	8,963	251	9,214	5,734	156	5,890
%	97.28	2.72	100	97.35	2.65	100
合計	63,776	2,184	65,960	40,241	2,193	42,434
%	96.69	3.31	100	94.83	5.17	100
	男性(1990年以前に卒業)			男性(1991年以降に卒業)		
	就業者	転職者	合計	就業者	転職者	合計
29歳以下	16,945	722	17,667	4,237	330	4,567
%	95.91	4.09	100	92.77	7.23	100
30-39歳	16,719	470	17,189	2,575	115	2,690
%	97.27	2.73	100	95.72	4.28	100
40-49歳	14,133	295	14,428	204	1	205
%	97.96	2.04	100	99.51	0.49	100
50-59歳	8,963	251	9,214			
%	97.28	2.72	100			
合計	56,760	1,738	58,498	7,016	446	7,462
%	97.03	2.97	100	94.02	5.98	100
	女性(1990年以前に卒業)			女性(1991年以降に卒業)		
	就業者	転職者	合計	就業者	転職者	合計
29歳以下	12,378	738	13,116	3,928	424	4,352
%	94.37	5.63	100	90.26	9.74	100
30-39歳	7,274	368	7,642	1,547	122	1,669
%	95.18	4.82	100	92.69	7.31	100
40-49歳	9,281	378	9,659	99	7	106
%	96.09	3.91	100	93.4	6.6	100
50-59歳	5,734	156	5,890			
%	97.35	2.65	100			
合計	34,667	1,640	36,307	5,574	553	6,127
%	95.48	4.52	100	90.97	9.03	100

注1: 分析対象は59歳以下の雇用就業で働く男女である.
注2: KHPS2004-KHPS2013から作成した回顧パネルデータから筆者作成.

結果から,男女とも29歳までで全転職の約半分を経験すると考えられる.この傾向はイギリス(Booth, et al., 1999)やドイツ(Winkelmann, 1994)とほぼ同様である.わが国の労働者も,労働市場参入後の約10年間で多くの転職を経験することになるといえる.

次に(2)年齢別,個人属性別転職発生割合をみていく.図表3.4は男女別,

43

学卒年別に転職発生割合を算出している．まず，学卒年で分割していない値をみると，男女とも29歳以下で転職発生割合が最も高く，年齢階層が上昇するにつれて転職発生割合が低下する傾向にあった．この結果から，若年時ほど転職しやすい傾向にあるといえる．次に，学卒年別の男性の値をみると，1990年以前と比較して，1991年以降に学校を卒業し，労働市場へ参入した場合ほど29歳以下と30～39歳の転職発生割合が高くなっていた．この傾向は女性の学卒年別でも同様に確認することができた．これらの結果から，バブル崩壊以降に学校を卒業し，労働市場へ参入した労働者ほど，転職しやすくなっているといえる．

次に (3) 年齢別，個人属性別転職回数分布をみていく．図表3.5は性別，年齢別，学歴別，学卒年別転職回数分布を示している．まず，学歴別，学卒年別で分割していない場合の男女の値をみると，年齢が上昇するにつれて転職回数が0の割合が低下し，転職を経験する労働者割合が増加する傾向にあった．男性の場合，50～59歳時点で転職回数が0の割合が約57%であり，次いで大きな値をとっていたのは転職回数が1回の場合（約23%）であった．この傾向は女性でも同様であり，50～59歳時点で転職回数が0の割合が約50%であり，次いで転職回数が1回の場合が約25%と高い値を示していた．これらの結果から，男女とも転職が0回，もしくは1回の場合が大半であり，2回以上転職する割合は決して多くないといえる．なお，男女差に注目すると，女性のほうが男性より転職が1回以上の割合が若干高い傾向にあった．次に学歴別の値をみていくと，男女とも専門・短大・大卒・大学院卒よりも中高卒のほうの転職回数が多い傾向にあった．この傾向は特に男性で強く，いずれの年齢階層でも中高卒のほうの転職回数が1回以上の割合が高かった．専門・短大・大卒・大学院卒と比較して，中高卒の労働者ほど転職を繰り返す傾向にあるといえる．最後に学卒年別の値をみると，男女とも，1990年以前に学校を卒業した場合よりも，1991年以降のバブル崩壊以降に学校を卒業した場合のほうの転職回数が多い傾向にあった．29歳以下の値に注目すると，男女とも1991年以降の学卒の転職1，2回になる割合が高くなっていた．この結果から，29歳以下といった若年時に，より転職を繰り返す傾向が強くなったと考えられる．また，30～39歳の値に注目すると，女性

図表3.5 性別, 年齢別, 学歴別, 学卒年別転職回数分布

男性／女性（全体）

		男性 転職回数								女性 転職回数						
	0回	1回	2回	3回	4回	5回	6回以上	合計	0回	1回	2回	3回	4回	5回	6回以上	合計
29歳以下	17,408	3,388	1,020	287	87	19	25	22,234	13,400	2,947	795	223	83	19	1	17,468
%	78.29	15.24	4.59	1.29	0.39	0.09	0.11	100	76.71	16.87	4.55	1.28	0.48	0.11	0.01	100
30-39歳	12,910	3,939	1,764	754	274	129	109	19,879	5,098	2,211	1,032	538	310	73	49	9,311
%	64.94	19.81	8.87	3.79	1.38	0.65	0.55	100	54.75	23.75	11.08	5.78	3.33	0.78	0.53	100
40-49歳	8,936	2,942	1,390	777	300	163	125	14,633	5,114	2,307	1,093	619	438	107	87	9,765
%	61.07	20.11	9.5	5.31	2.05	1.11	0.85	100	52.37	23.63	11.19	6.34	4.49	1.1	0.89	100
50-59歳	5,212	2,079	811	602	283	120	107	9,214	2,931	1,500	599	406	295	98	61	5,890
%	56.57	22.56	8.8	6.53	3.07	1.3	1.16	100	49.76	25.47	10.17	6.89	5.01	1.66	1.04	100
合計	44,466	12,348	4,985	2,420	944	431	366	65,960	26,543	8,965	3,519	1,786	1,126	297	198	42,434
%	67.41	18.72	7.56	3.67	1.43	0.65	0.55	100	62.55	21.13	8.29	4.21	2.65	0.7	0.47	100

学歴別の転職回数：中高卒

	0回	1回	2回	3回	4回	5回	6回以上	合計	0回	1回	2回	3回	4回	5回	6回以上	合計
29歳以下	11,330	2,596	842	246	74	15	25	15,128	9,100	1,913	539	152	56	16	1	11,777
%	74.89	17.16	5.57	1.63	0.49	0.1	0.17	100	77.27	16.24	4.58	1.29	0.48	0.14	0.01	100
30-39歳	6,565	2,420	1,262	611	194	97	99	11,248	3,133	1,457	679	364	223	55	36	5,951
%	58.37	21.51	11.22	5.43	1.72	0.86	0.88	100	52.65	24.48	11.41	6.18	3.75	0.92	0.6	100
40-49歳	4,843	1,777	940	616	189	115	89	8,569	3,642	1,645	843	477	332	82	67	7,088
%	56.52	20.74	10.97	7.19	2.21	1.34	1.04	100	51.38	23.21	11.89	6.73	4.68	1.16	0.95	100
50-59歳	3,109	1,402	539	491	193	88	70	5,892	2,324	1,221	477	339	255	84	54	4,754
%	52.77	23.79	9.15	8.33	3.28	1.49	1.19	100	48.89	25.68	10.03	7.13	5.36	1.77	1.14	100
合計	25,847	8,195	3,583	1,964	650	315	283	40,837	18,199	6,236	2,538	1,336	866	237	158	29,570
%	63.29	20.07	8.77	4.81	1.59	0.77	0.69	100	61.55	21.09	8.58	4.52	2.93	0.8	0.53	100

学歴別の転職回数：専門・短大・大卒・大学院卒

	0回	1回	2回	3回	4回	5回	6回以上	合計	0回	1回	2回	3回	4回	5回	6回以上	合計
29歳以下	6,078	792	178	41	13	4	0	7,106	4,300	1,034	256	71	27	3	0	5,691
%	85.53	11.15	2.5	0.58	0.18	0.06	0	100	75.56	18.17	4.5	1.25	0.47	0.05	0	100
30-39歳	6,345	1,519	502	143	80	32	10	8,631	1,965	754	353	170	87	18	13	3,360
%	73.51	17.6	5.82	1.66	0.93	0.37	0.12	100	58.48	22.44	10.51	5.06	2.59	0.54	0.39	100
40-49歳	4,093	1,165	450	161	111	48	36	6,064	1,472	662	250	142	106	25	20	2,677
%	67.5	19.21	7.42	2.66	1.83	0.79	0.59	100	54.99	24.73	9.34	5.3	3.96	0.93	0.75	100
50-59歳	2,103	677	272	111	90	32	37	3,322	607	279	122	67	40	14	7	1,136
%	63.31	20.38	8.19	3.34	2.71	0.96	1.11	100	53.43	24.56	10.74	5.9	3.52	1.23	0.62	100
合計	18,619	4,153	1,402	456	294	116	83	25,123	8,344	2,729	981	450	260	60	47	12,864
%	74.11	16.53	5.58	1.82	1.17	0.46	0.33	100	64.86	21.21	7.63	3.5	2.02	0.47	0.31	100

学卒年別の転職回数：1990年以前に卒業

	0回	1回	2回	3回	4回	5回	6回以上	合計	0回	1回	2回	3回	4回	5回	6回以上	合計
29歳以下	14,101	2,599	678	196	58	17	18	17,667	10,354	2,125	458	123	43	12	1	13,116
%	79.82	14.71	3.84	1.11	0.33	0.1	0.1	100	78.94	16.2	3.49	0.94	0.33	0.09	0.01	100
30-39歳	11,339	3,337	1,464	656	215	96	82	17,189	4,280	1,780	842	419	224	53	44	7,642
%	65.97	19.41	8.52	3.82	1.25	0.56	0.48	100	56.01	23.29	11.02	5.48	2.93	0.69	0.58	100
40-49歳	8,811	2,906	1,362	772	297	159	121	14,428	5,068	2,274	1,082	611	430	107	87	9,659
%	61.07	20.14	9.44	5.35	2.06	1.1	0.84	100	52.47	23.54	11.2	6.33	4.45	1.11	0.9	100
50-59歳	5,212	2,079	811	602	283	120	107	9,214	2,931	1,500	599	406	295	98	61	5,890
%	56.57	22.56	8.8	6.53	3.07	1.3	1.16	100	49.76	25.47	10.17	6.89	5.01	1.66	1.04	100
合計	39,463	10,921	4,315	2,226	853	392	328	58,498	22,633	7,679	2,981	1,559	992	270	193	36,307
%	67.46	18.67	7.38	3.81	1.46	0.67	0.56	100	62.34	21.15	8.21	4.29	2.73	0.74	0.53	100

学卒年別の転職回数：1991年以降に卒業

	0回	1回	2回	3回	4回	5回	6回以上	合計	0回	1回	2回	3回	4回	5回	6回以上	合計
29歳以下	3,307	789	342	91	29	2	7	4,567	3,046	822	337	100	40	7	0	4,352
%	72.41	17.28	7.49	1.99	0.63	0.04	0.15	100	69.99	18.89	7.74	2.3	0.92	0.16	0	100
30-39歳	1,571	602	300	98	59	33	27	2,690	818	431	190	119	86	20	5	1,669
%	58.4	22.38	11.15	3.64	2.19	1.23	1	100	49.01	25.82	11.38	7.13	5.15	1.2	0.3	100
40-49歳	125	36	28	5	3	4	4	205	46	33	11	8	8	0	0	106
%	60.98	17.56	13.66	2.44	1.46	1.95	1.95	100	43.4	31.13	10.38	7.55	7.55	0	0	100
50-59歳																
合計	5,003	1,427	670	194	91	39	38	7,462	3,910	1,286	538	227	134	27	5	6,127
%	67.05	19.12	8.98	2.6	1.22	0.52	0.51	100	63.82	20.99	8.78	3.7	2.19	0.44	0.08	100

注1：分析対象は59歳以下の雇用就業で働く男女である．
注2：KHPS2004-KHPS2013から作成した回顧パネルデータから筆者作成．

において1991年以降の学卒の転職3，4回になる割合が若干高くなっていた．この結果から，女性では特に近年の学卒者ほど転職回数が増加していると考えられる．

次に図表3.6の初職の職種別転職回数分布をみていく．KHPSの就業履歴表には各時点における産業，職種に関する質問がないものの，初職の職種に関する質問がKHPS2006で使用可能となっている．そこで，ここではその質

図表3.6 性別，初職の職種別転職回数分布

男性

初職の職種	0回	1回	2回	3回	4回	5回	6回以上	合計
農林漁業作業者	468	219	85	3	1	1	0	777
%	60.23	28.19	10.94	0.39	0.13	0.13	0	100
販売従事者	2,564	1,133	484	238	125	31	64	4,639
%	55.27	24.42	10.43	5.13	2.69	0.67	1.38	100
サービス職従業者	1,030	474	269	200	83	46	44	2,146
%	48	22.09	12.53	9.32	3.87	2.14	2.05	100
管理的職種	144	79	6	0	0	0	0	229
%	62.88	34.5	2.62	0	0	0	0	100
事務従業者	4,568	803	285	109	26	45	6	5,842
%	78.19	13.75	4.88	1.87	0.45	0.77	0.1	100
運輸・通信従業者	1,101	328	194	83	37	7	9	1,759
%	62.59	18.65	11.03	4.72	2.1	0.4	0.51	100
製造・建築・保守・運搬作業者	6,168	2,177	862	442	173	93	40	9,955
%	61.96	21.87	8.66	4.44	1.74	0.93	0.4	100
情報処理技術者	542	171	43	8	6	7	0	777
%	69.76	22.01	5.53	1.03	0.77	0.9	0	100
専門的・技術的職業従事者	3,169	755	271	81	66	31	42	4,415
%	71.78	17.1	6.14	1.83	1.49	0.7	0.95	100
保安職業従事者	831	119	58	112	3	1	11	1,135
%	73.22	10.48	5.11	9.87	0.26	0.09	0.97	100
その他	718	155	49	3	2	0	0	927
%	77.45	16.72	5.29	0.32	0.22	0	0	100
合計	21,303	6,413	2,606	1,279	522	262	216	32,601
%	65.34	19.67	7.99	3.92	1.6	0.8	0.66	100

女性

初職の職種	0回	1回	2回	3回	4回	5回	6回以上	合計
農林漁業作業者	191	62	36	18	0	0	0	307
%	62.21	20.2	11.73	5.86	0	0	0	100
販売従事者	1,610	591	306	224	114	31	27	2,903
%	55.46	20.36	10.54	7.72	3.93	1.07	0.93	100
サービス職従業者	1,136	489	273	117	72	23	6	2,116
%	53.69	23.11	12.9	5.53	3.4	1.09	0.28	100
管理的職種	64	2	0	0	0	0	0	66
%	96.97	3.03	0	0	0	0	0	100
事務従業者	4,758	2,083	764	336	259	88	66	8,354
%	56.95	24.93	9.15	4.02	3.1	1.05	0.79	100
運輸・通信従業者	97	39	9	31	3	0	0	179
%	54.19	21.79	5.03	17.32	1.68	0	0	100
製造・建築・保守・運搬作業者	1,301	451	136	86	16	21	5	2,016
%	64.53	22.37	6.75	4.27	0.79	1.04	0.25	100
情報処理技術者	43	55	15	1	20	2	0	136
%	31.62	40.44	11.03	0.74	14.71	1.47	0	100
専門的・技術的職業従事者	1,895	441	237	104	93	24	20	2,814
%	67.34	15.67	8.42	3.7	3.3	0.85	0.71	100
保安職業従事者	11	6	2	0	0	0	0	19
%	57.89	31.58	10.53	0	0	0	0	100
その他	219	15	3	9	20	4	0	270
%	81.11	5.56	1.11	3.33	7.41	1.48	0	100
合計	11,325	4,234	1,781	926	597	193	124	19,180
%	59.05	22.08	9.29	4.83	3.11	1.01	0.65	100

注1：分析対象は59歳以下の雇用就業で働く男女である．
注2：初職に関する質問がKHPS2006でしか使用できないため，コーホートAのみを分析対象としている．
注3：KHPS2004-KHPS2013から作成した回顧パネルデータから筆者作成．

問項目を利用し，初職の職種と転職回数分布の関係を検証する．初職の職種は，その初職からの転職確率に大きな影響を及ぼすと考えられる．ただし，転職前後の職種間移動を分析した戸田（2010）によれば，男女ともほとんどの職で5割以上が同一職種へ転職する傾向にあるため，初職から転職した後も同一職種で就業している可能性がある．このため，初職の職種がその後の転職回数にも影響を及ぼしている可能性があり，図表3.6ではその点を検証している．なお，初職に関する質問はKHPS2006のみでしか利用できないため，図表3.6の分析はコーホートAのみを分析対象としている．

　表中の値をみると，転職回数の多さは職種によって異なる傾向にあった．男性の値をみると，転職が1回以上となる割合が高かったのは，サービス職従業者や販売従業者であった．これらの職種が初職である場合，他の職種よりも転職を繰り返すことになるといえる．おそらく，転職後も同一職種で働くようになるため，再度転職する可能性が考えられる．また，転職が0回の割合が最も高かったのは事務職であった．事務職が初職の男性の場合，転職回数が抑制されるといえる．次に，女性の値をみると，転職が1回以上となる割合が高かったのは，情報処理技術者やサービス職従業者，販売従事者であった．やはりサービス関連の職種で働いている場合ほど，初職以降でも転職しやすくなっているといえる．また，女性の場合，転職が0回の割合が最も高かったのは管理的職種であった．

　以上の結果から明らかなとおり，初職の職種は，初職以降の転職にも影響を及ぼす．特にサービス関連の職種だと男女とも転職回数が増加しやすい傾向にあった．この点に関連して，図表3.7でバブル崩壊前後の学卒者別の初職の職種構成比をみると，男女とも事務従業者が減少する半面，サービス職従業者が大きく上昇していた．このような初職構成比の変化が影響し，バブル崩壊以降の学卒者ほど転職回数が増加している可能性が考えられる．

　以上，記述統計を用い，転職回数や転職時期について検証した結果，次の4点が明らかになった．1点目は，わが国では男女とも29歳までで全転職の約半分を経験していた．この傾向はイギリスやドイツと同じであった．2点目は，男女とも29歳以下で転職発生割合が最も高く，年齢階層が上昇するにつれて転職発生割合が低下していた．また，バブル崩壊以降に学校を卒業

図表3.7 性別，学卒年別初職の職種構成比

初職の職種	男性 1990年以前に卒業	男性 1991年以降に卒業	男性 合計	女性 1990年以前に卒業	女性 1991年以降に卒業	女性 合計
農林漁業作業者	767	10	777	295	12	307
%	2.58	0.34	2.38	1.78	0.46	1.6
販売従事者	4,128	511	4,639	2,506	397	2,903
%	13.91	17.45	14.23	15.11	15.27	15.14
サービス職従業者	1,734	412	2,146	1,448	668	2,116
%	5.84	14.07	6.58	8.73	25.69	11.03
管理的職種	229	0	229	41	25	66
%	0.77	0	0.7	0.25	0.96	0.34
事務従事者	5,521	321	5,842	7,437	917	8,354
%	18.61	10.96	17.92	44.86	35.27	43.56
運輸・通信従業者	1,640	119	1,759	179	0	179
%	5.53	4.06	5.4	1.08	0	0.93
製造・建築・保守・運搬作業者	9,255	700	9,955	1,895	121	2,016
%	31.19	23.91	30.54	11.43	4.65	10.51
情報処理技術者	592	185	777	129	7	136
%	2	6.32	2.38	0.78	0.27	0.71
専門的・技術的職業従事者	3,899	516	4,415	2,370	444	2,814
%	13.14	17.62	13.54	14.29	17.08	14.67
保安職業従事者	1,024	111	1,135	10	9	19
%	3.45	3.79	3.48	0.06	0.35	0.1
その他	884	43	927	270	0	270
%	2.98	1.47	2.84	1.63	0	1.41
合計	29,673	2,928	32,601	16,580	2,600	19,180
%	100	100	100	100	100	100

注1：分析対象は59歳以下の雇用就業で働く男女である．
注2：初職に関する質問がKHPS2006でしか使用できないため，コーホートAのみを分析対象としている．
注3：KHPS2004-KHPS2013から作成した回顧パネルデータから筆者作成．

し，労働市場へ参入した労働者ほど，転職しやすくなっていた．3点目は，男女とも転職が0回，もしくは1回の場合が大半であり，2回以上転職する割合は決して多くなかった．わが国において，転職を多く経験する労働者は，一部だといえる．また，中高卒ほど，バブル崩壊以降に学校を卒業した労働者ほど，転職回数が多くなっていた．4点目は，男女とも初職の職種がサービス関連の職種であるほど，転職回数が増加していた．

3.5.2 転職回数は何によって決まっているのか

前節の分析では転職回数と学歴等の個人属性との関係を検証したが，これ以外にもさまざまな要因が転職回数に影響を及ぼしていると考えられる．そこで，この点を検証するためにも，OLSを用いた推計を行う．推計結果は図表3.8に掲載してある．

図表3.8のうち (A1) から (A4) は男女計の結果を，(A5) から (A8) は男性の

図表3.8　転職回数の決定要因に関する分析①

説明変数		(A1) 男女計 係数	(A2) 男女計 係数	(A3) 男女計 係数	(A4) 男女計 係数	(A5) 男性 係数	(A6) 男性 係数	(A7) 男性 係数	(A8) 男性 係数	(A9) 女性 係数	(A10) 女性 係数	(A11) 女性 係数	(A12) 女性 係数
女性ダミー			-0.004 (0.027)		-0.025 (0.027)								
学歴ダミー ref:中高卒	専門・短大卒		-0.064* (0.037)				-0.172** (0.076)		-0.175** (0.076)		0.005 (0.042)		-0.003 (0.042)
	大卒・大学院卒		-0.212*** (0.031)		-0.229*** (0.031)		-0.279*** (0.040)		-0.292*** (0.040)		-0.059 (0.053)		-0.069 (0.053)
年齢ダミー ref:20-29歳	30-39歳	0.197*** (0.007)	0.194*** (0.007)	0.253*** (0.007)	0.251*** (0.007)	0.169*** (0.009)	0.170*** (0.009)	0.201*** (0.009)	0.203*** (0.009)	0.275*** (0.012)	0.267*** (0.011)	0.341*** (0.011)	0.335*** (0.011)
	40-49歳	0.337*** (0.009)	0.331*** (0.009)	0.417*** (0.009)	0.413*** (0.009)	0.298*** (0.012)	0.299*** (0.012)	0.352*** (0.012)	0.355*** (0.012)	0.421*** (0.015)	0.403*** (0.014)	0.495*** (0.014)	0.481*** (0.014)
	50-59歳	0.532*** (0.011)	0.518*** (0.011)	0.592*** (0.011)	0.580*** (0.011)	0.477*** (0.014)	0.474*** (0.014)	0.525*** (0.013)	0.524*** (0.013)	0.597*** (0.018)	0.565*** (0.018)	0.624*** (0.018)	0.597*** (0.018)
結婚ダミー		0.107*** (0.011)	0.105*** (0.011)	0.104*** (0.011)	0.102*** (0.011)	0.066*** (0.014)	0.066*** (0.014)	0.063*** (0.014)	0.063*** (0.014)	0.161*** (0.018)	0.155*** (0.018)	0.161*** (0.018)	0.155*** (0.018)
第1子出産ダミー		0.025 (0.015)	0.024 (0.015)	0.017 (0.015)	0.016 (0.015)	0.006 (0.016)	0.006 (0.016)	0.004 (0.016)	0.004 (0.016)	0.072* (0.032)	0.068** (0.032)	0.070** (0.032)	0.067** (0.032)
第2子出産ダミー		0.009 (0.018)	0.009 (0.018)	-0.000 (0.018)	-0.001 (0.018)	0.001 (0.019)	0.001 (0.019)	-0.001 (0.019)	-0.001 (0.019)	-0.053 (0.046)	0.049 (0.047)	0.049 (0.046)	0.046 (0.046)
第3子出産ダミー		-0.004 (0.034)	-0.003 (0.034)	-0.007 (0.034)	-0.006 (0.034)	0.001 (0.037)	0.002 (0.037)	0.002 (0.037)	0.003 (0.037)	-0.011 (0.082)	0.005 (0.082)	-0.009 (0.082)	-0.011 (0.082)
雇用形態ダミー ref:非正規雇用	正規雇用	-0.273*** (0.008)	-0.272*** (0.008)	-0.255*** (0.008)	-0.254*** (0.008)	-0.373*** (0.015)	-0.373*** (0.015)	-0.345*** (0.015)	-0.344*** (0.015)	-0.188*** (0.010)	-0.192*** (0.010)	-0.197*** (0.010)	-0.200*** (0.010)
労働市場における総経験年数ダミー ref:5年以下	6-10年	0.206*** (0.006)	0.208*** (0.006)			0.209*** (0.008)	0.210*** (0.008)			0.222*** (0.010)	0.223*** (0.010)		
	11-15年	0.309*** (0.008)	0.311*** (0.008)			0.305*** (0.011)	0.306*** (0.011)			0.318*** (0.016)	0.323*** (0.016)		
	16年以上	0.414*** (0.010)	0.418*** (0.010)			0.397*** (0.013)	0.395*** (0.013)			0.470*** (0.016)	0.483*** (0.016)		
正規雇用経験年数ダミー ref:5年以下	6-10年			0.183*** (0.006)	0.185*** (0.006)			0.188*** (0.008)	0.189*** (0.008)			0.200*** (0.010)	0.200*** (0.010)
	11-15年			0.259*** (0.009)	0.261*** (0.009)			0.275*** (0.011)	0.274*** (0.011)			0.277*** (0.015)	0.283*** (0.015)
	16年以上			0.279*** (0.010)	0.282*** (0.010)			0.314*** (0.012)	0.310*** (0.012)			0.281*** (0.017)	0.293*** (0.017)
非正規雇用経験年数ダミー ref:5年以下	6-10年			0.284*** (0.011)	0.284*** (0.010)			0.464*** (0.026)	0.455*** (0.026)			0.247*** (0.012)	0.247*** (0.012)
	11-15年			0.383*** (0.014)	0.381*** (0.014)			0.622*** (0.041)	0.616*** (0.041)			0.341*** (0.017)	0.347*** (0.017)
	16年以上			0.456*** (0.018)	0.452*** (0.018)			0.604*** (0.049)	0.587*** (0.049)			0.436*** (0.022)	0.443*** (0.022)
1991年以降に学卒ダミー ref:1990年以前に学卒			0.345*** (0.031)		0.357*** (0.031)		0.257*** (0.045)		0.260*** (0.045)		0.407*** (0.043)		0.404*** (0.043)
年齢別失業率		-0.026*** (0.002)	-0.022*** (0.002)	-0.031*** (0.002)	-0.026*** (0.002)	-0.009*** (0.002)	-0.008*** (0.002)	-0.011*** (0.002)	-0.010*** (0.002)	-0.049*** (0.004)	-0.036*** (0.004)	-0.051*** (0.004)	-0.039*** (0.004)
コーホートダミー		Yes	Yes	Yes	Yes	Yes	Yes	Yes	Yes	Yes	Yes	Yes	Yes
定数項		0.470*** (0.011)	0.501*** (0.026)	0.491*** (0.011)	0.537*** (0.026)	0.509*** (0.017)	0.621*** (0.033)	0.507*** (0.017)	0.626*** (0.033)	0.480*** (0.019)	0.396*** (0.030)	0.525*** (0.019)	0.448*** (0.030)
推計手法		FE OLS	RE OLS	FE OLS	RE OLS	FE OLS	RE OLS	FE OLS	RE OLS	FE OLS	RE OLS	FE OLS	RE OLS
修正済み決定係数:within		0.207	0.207	0.209	0.209	0.179	0.179	0.180	0.180	0.247	0.247	0.250	0.250
修正済み決定係数:between		0.015	0.026	0.013	0.024	0.009	0.025	0.007	0.023	0.021	0.030	0.018	0.027
修正済み決定係数:overall		0.047	0.060	0.047	0.060	0.037	0.054	0.036	0.053	0.062	0.071	0.063	0.072
ハウスマン検定(FE vs RE)			0.000		0.000		0.000		0.000		0.000		0.000
サンプルサイズ		101,886	101,886	101,886	101,886	62,140	62,140	62,140	62,140	39,746	39,746	39,746	39,746

注1：***，**，*はそれぞれ推定された係数が1%，5%，10%水準で有意であるのかを示す．
注2：（　）内の値は標準誤差を示す．
注3：KHPS2004-KHPS2013から作成した回顧パネルデータから筆者推計．

結果を，そして，(A9)から(A12)は女性の結果を示している．(A1)から(A4)の男女計の結果をみると，女性ダミーは有意な値を示していなかった．この結果は，さまざまな個人属性をコントロールすると，転職回数の男女差が見られなくなることを意味する．次に学歴ダミーをみると，専門・短大卒，大卒・大学院卒とも負に有意な値を示していた．この結果は，中高卒と比較して，専門・短大卒，大卒・大学院卒ほど転職回数が少ないことを意味する．この結果は，逆を言えば中高卒ほど転職回数が多いことを示している．次に年齢ダミーをみ

ると，いずれも正に有意であり，年齢が高くなるほど係数が大きくなっていた．この結果は，年齢を重ねるほど転職回数が多くなることを意味する．次に結婚，各出産ダミーをみると，結婚ダミーがいずれも有意であり，出産ダミーはほとんど有意ではなかった．この結果は，結婚を機に転職回数が増加することを意味する．おそらく，結婚を機に女性が転職するといった効果を主にとらえていると考えられる．次に正規雇用ダミーをみると，いずれも負に有意であった．この結果は，正規雇用就業者ほど転職回数が少ないことを意味する．この背景には，正規雇用就業者ほど日本的雇用慣行の影響が強く，離職しにくいといった要因が影響を及ぼしていると考えられる．次に労働市場における総経験年数ダミー，正規雇用経験年数ダミー，非正規雇用経験年数ダミーをみると，いずれも正に有意であり，経験年数が長くなるほど，係数も大きくなっていた．この結果は，労働市場における経験年数が長くなるほど，累積の転職回数が増加することを意味する．労働市場での就業期間が長くなるほど，転職機会も増加すると考えられる．係数の大きさに注目すると，非正規雇用経験年数ダミーが最も大きかったため，特に非正規雇用で働く期間が長くなると転職回数が増加すると考えられる．次に1991年以降に学卒ダミーをみると，正に有意な値を示していた．この結果は，バブル崩壊以降の1991年の後に学校を卒業した労働者ほど，転職回数が増加することを意味する．今回の分析では学歴，年齢，雇用形態，就業年数等をコントロールしているため，これら以外の要因が1991年以降の学卒者の転職回数を増加させていると考えられる[16]．最後に，年齢別失業率

---

[16] 学卒年による転職回数の違いをより詳細に検討するため，学卒ダミーと女性ダミー，学歴ダミー，そして年齢別失業率の交差項を説明変数に加えた推計も行った．なお，学歴等の期間中に変化しない変数も使用しているため，Random Effect OLS を用い，推計している．この分析の結果，学卒年ダミーと女性ダミーの交差項は，正に有意な値を示していた．この結果は，1991年以降の学卒者の女性ほど，転職回数が増加していることを意味する．学卒年ダミーと学歴ダミーの交差項は，負に有意な値をとる場合が多かった．この結果は，バブル崩壊以降の学卒者のうち，低学歴な労働者ほど転職回数が増加したことを意味する．学卒年ダミーと年齢別失業率の交差項は，いずれも負に有意な値を示していた．この結果は，1991年以降の学卒者について，各時点における失業率が高いほど，転職回数が抑制されることを意味する．この結果は，バブル崩壊以降の学卒者ほど，景気後退に直面する時期が多く，労働市場の需給状況も悪化したため，転職回数が低下したことを示すと考えられる．

をみると負に有意な値を示していた．この結果は，各時点における労働市場の需給業況の悪化が転職回数を抑制することを意味する．失業率が高い場合，良好な転職先を見つけることが困難となるため，転職しづらくなると考えられる．

以上の推計結果は男女計の結果であるが，(A5) から (A8) の男性と (A9) から (A12) の女性でもほぼ同じ傾向を確認できた．ただし，女性の場合，学歴ダミーが有意ではないという点と第 1 子出産ダミーが正に有意であった点で違いがみられた．女性の場合，第 1 子出産ダミーが有意となるのは，男性と比較して，出産を機に転職を経験する傾向が特に強いといった点が影響を及ぼしていると考えられる．

3.5.3　追加検討事項：学卒時失業率と初職の職種が転職回数に及ぼす影響

これまでの分析結果をまとめると，高学歴者ほど，正規雇用就業者ほど，失業率が高く，労働市場の需給状況が悪化しているほど，累積転職回数が少なくなっていた．また，年齢が高く，労働市場における就業経験年数が長いほど，結婚した場合ほど，バブル崩壊以降に学校を卒業し，労働市場で働きはじめた場合ほど，累積転職回数が多くなっていた．これらの分析結果が示すように，転職回数にはさまざま要因が影響を及ぼすといえる．

しかし，これら以外でも転職回数に影響を及ぼすと考えられる要因がある．それは (1) 学卒時の労働市場の需給状況悪化によるミスマッチの拡大，(2) 産業，職種構成の変化である．(1) は Genda, et al. (2010) や太田 (2010) で指摘される世代効果であり，バブル崩壊以降の学卒者ほど，労働市場の需給状況が悪化しているときに就職活動を行ったため，希望した労働条件で働けていない割合が多い．このミスマッチを解消するためにも転職すると考えられ，これが転職回数の増加に寄与している可能性がある．これまでの研究では，初職からの離職（黒澤・玄田, 2001）や転職率（太田, 1999）については分析されているが，直接的に転職回数に及ぼす影響を分析した研究はない．(2) は，近年になるほどサービス関連の産業，職種で働く労働者の割合が拡大しており，これらの労働者ほど転職しやすく，転職回数の増加に寄与している可能性がある．そこで，これらの要因の影響を確認するためにも，

(1),(2)に関連する説明変数を追加し，再度推計する[17]．(1)に関連する変数として学卒時の失業率を使用する[18]．(2)に関連する変数として初職の職種ダミーを使用する．初職の職種を使用したのは，次の2つの理由からである．1つ目の理由は，図表3.6および図表3.7の分析結果から明らかなとおり，初職の職種が初職以降の転職回数にも影響を及ぼしているためである．また，初職をコントロールすることによって，バブル崩壊前後の初職構成の変化も考慮できるためである．2つ目の理由は，図表3.3の分析結果にあったように，わが国でも若年時に転職が集中しているため，その時点での職種をコントロールすることが重要だと考えられるためである．なお，初職に関する質問はKHPS2006でしか利用できないため，以下の分析ではコーホートAのみを分析対象とする．また，分析期間中に変化しない変数を使用するため，いずれの場合もRandom Effect OLSで推計する．

推計結果は図表3.9に掲載してある．なお，(B1)から(B3)は男女計の推計結果を示し，(B4)から(B6)は男性の推計結果を，(B7)から(B9)は女性の推計結果を示している．まず，(B1)，(B4)，(B7)の学卒時失業率，初職ダミーを使用しない場合の推計結果をみると，いずれの説明変数も図表3.8とほぼ同じ傾向を示していた．これらの結果から，コーホートAにサンプルを限定しても，各変数の推計結果に違いが生じないといえる．

次に学卒時失業率を追加した(B2)，(B5)，(B8)の結果をみると，いずれの場合も学卒時失業率が正に有意な値を示していた．この結果は，学卒時の労働市場の需給状況の悪化が労働者と企業のミスマッチを拡大させ，その後の転職回数を増加させることを意味する．また，係数の大きさに注目すると，

---

[17] (1)，(2)以外の要因として，賃金プロファイルのフラット化による影響が考えられる．濱秋ほか(2011)で指摘されているように，わが国の賃金プロファイルのフラット化が徐々に進んでおり，2007年から2008年にかけて40歳台以降で賃金がほとんど上昇しない形に変化している．この結果，継続就業することの便益が低下するため，転職しやすくなっている可能性が考えられる．ただし，この点については賃金に関する変数がないため，分析することができなかった．

[18] 学卒時の失業率は，分析対象サンプルの性別ごとの値を使用している．男女計のサンプルを使用する場合，男女計の失業率を用い，男性のサンプルを使用する場合は男性失業率を，女性のサンプルを使用する場合は女性失業率を使用する．

第 3 章　日本の労働者の生涯における転職回数と転職時期

図表3.9　転職回数の決定要因に関する分析②

被説明変数		転職経験回数								
		男女計 (B1) 係数	男女計 (B2) 係数	男女計 (B3) 係数	男性 (B4) 係数	男性 (B5) 係数	男性 (B6) 係数	女性 (B7) 係数	女性 (B8) 係数	女性 (B9) 係数
説明変数										
女性ダミー		−0.025 (0.043)	−0.036 (0.043)	−0.017 (0.047)						
学歴ダミー ref:中高卒	専門・短大卒	−0.100* (0.061)	−0.127** (0.061)	−0.084 (0.063)	−0.241** (0.120)	−0.264** (0.121)	−0.224* (0.122)	−0.023 (0.068)	−0.057 (0.068)	−0.052 (0.073)
	大卒・大学院卒	−0.249*** (0.051)	−0.281*** (0.051)	−0.240*** (0.055)	−0.302*** (0.063)	−0.320*** (0.063)	−0.228*** (0.069)	−0.100 (0.088)	−0.169** (0.089)	−0.171* (0.094)
年齢ダミー ref:20-29歳	30-39歳	0.268*** (0.010)	0.268*** (0.010)	0.268*** (0.010)	0.213*** (0.013)	0.213*** (0.013)	0.213*** (0.013)	0.381*** (0.017)	0.381*** (0.017)	0.382*** (0.017)
	40-49歳	0.427*** (0.013)	0.428*** (0.013)	0.428*** (0.013)	0.380*** (0.017)	0.380*** (0.017)	0.380*** (0.017)	0.480*** (0.021)	0.482*** (0.021)	0.482*** (0.021)
	50-59歳	0.619*** (0.015)	0.622*** (0.015)	0.623*** (0.015)	0.578*** (0.019)	0.579*** (0.019)	0.580*** (0.019)	0.571*** (0.027)	0.576*** (0.027)	0.577*** (0.027)
結婚ダミー		0.104*** (0.016)	0.104*** (0.016)	0.104*** (0.016)	0.061** (0.020)	0.061*** (0.020)	0.061*** (0.020)	0.168*** (0.028)	0.169*** (0.028)	0.169*** (0.028)
第1子出産ダミー		0.012 (0.020)	0.012 (0.020)	0.012 (0.020)	−0.000 (0.022)	−0.000 (0.022)	−0.000 (0.022)	0.058 (0.047)	0.059 (0.047)	0.059 (0.047)
第2子出産ダミー		−0.023 (0.025)	−0.023 (0.025)	−0.023 (0.025)	−0.027 (0.026)	−0.027 (0.026)	−0.027 (0.026)	0.033 (0.068)	0.034 (0.068)	0.034 (0.068)
第3子出産ダミー		−0.012 (0.047)	−0.012 (0.047)	−0.012 (0.047)	−0.008 (0.050)	−0.008 (0.050)	−0.008 (0.050)	0.037 (0.117)	0.039 (0.117)	0.038 (0.117)
雇用形態ダミー ref:非正規雇用	正規雇用	−0.286*** (0.012)	−0.285*** (0.012)	−0.284*** (0.012)	−0.388*** (0.021)	−0.388*** (0.021)	−0.386*** (0.021)	−0.224*** (0.016)	−0.222*** (0.016)	−0.222*** (0.016)
正規雇用経験年数ダミー ref:5年以下	6-10年	0.196*** (0.010)	0.196*** (0.010)	0.196*** (0.010)	0.210*** (0.012)	0.210*** (0.012)	0.210*** (0.012)	0.202*** (0.016)	0.203*** (0.016)	0.203*** (0.016)
	11-15年	0.293*** (0.013)	0.293*** (0.013)	0.293*** (0.013)	0.312*** (0.015)	0.313*** (0.015)	0.313*** (0.015)	0.317*** (0.022)	0.317*** (0.022)	0.318*** (0.022)
	16年以上	0.323*** (0.014)	0.322*** (0.014)	0.323*** (0.014)	0.330*** (0.018)	0.330*** (0.018)	0.330*** (0.018)	0.421*** (0.026)	0.419*** (0.026)	0.420*** (0.026)
非正規雇用経験年数ダミー ref:5年以下	6-10年	0.278*** (0.015)	0.277*** (0.015)	0.277*** (0.015)	0.352*** (0.037)	0.352*** (0.037)	0.351*** (0.037)	0.264*** (0.019)	0.263*** (0.019)	0.262*** (0.019)
	11-15年	0.401*** (0.021)	0.401*** (0.021)	0.401*** (0.021)	0.562*** (0.053)	0.562*** (0.053)	0.562*** (0.053)	0.399*** (0.026)	0.397*** (0.026)	0.397*** (0.026)
	16年以上	0.535*** (0.027)	0.535*** (0.027)	0.535*** (0.027)	0.641*** (0.057)	0.641*** (0.057)	0.640*** (0.057)	0.585*** (0.034)	0.583*** (0.034)	0.583*** (0.034)
1991年以降に学卒ダミー ref:1990年以前に学卒		0.410*** (0.052)	0.211*** (0.068)	0.179*** (0.069)	0.320*** (0.076)	0.180* (0.098)	0.130 (0.098)	0.456*** (0.070)	0.217** (0.093)	0.222** (0.094)
年齢別失業率		−0.029*** (0.003)	−0.030*** (0.003)	−0.030*** (0.003)	−0.006** (0.003)	−0.006** (0.003)	−0.006** (0.003)	−0.047*** (0.006)	−0.051*** (0.006)	−0.051*** (0.006)
学卒時失業率			0.130*** (0.029)	0.116*** (0.029)		0.090** (0.040)	0.077* (0.040)		0.167*** (0.043)	0.154*** (0.043)
初職の職種ダミー ref:事務作業者	農林漁業作業者			−0.142 (0.152)			0.013 (0.205)			−0.253 (0.229)
	販売従事者			0.242*** (0.065)			0.449*** (0.103)			0.115 (0.083)
	サービス職従業者			0.331*** (0.074)			0.703*** (0.125)			0.112 (0.088)
	管理的職種			−0.370 (0.277)			−0.010 (0.391)			−0.626 (0.385)
	運輸・通信従業者			0.184 (0.124)			0.324** (0.150)			0.214 (0.281)
	製造・建築・保守・運搬作業者			0.115* (0.065)			0.313*** (0.094)			−0.088 (0.100)
	情報処理技術者			0.095 (0.151)			0.117 (0.179)			0.739** (0.330)
	専門的・技術的職業従事者			0.042 (0.068)			0.180* (0.105)			−0.016 (0.088)
	保安職業従事者			0.013 (0.159)			0.173 (0.179)			−0.072 (0.565)
	その他			−0.113 (0.147)			−0.052 (0.192)			0.012 (0.236)
定数項		0.578*** (0.038)	0.350*** (0.064)	0.259*** (0.075)	0.660*** (0.046)	0.497*** (0.086)	0.230** (0.110)	0.499*** (0.044)	0.205** (0.087)	0.209** (0.091)
推計手法		RE OLS	RE OLS	RE OLS	RE OLS	RE OLS	RE OLS	RE OLS	RE OLS	RE OLS
修正済み決定係数:within		0.233	0.233	0.233	0.203	0.203	0.203	0.280	0.280	0.280
修正済み決定係数:between		0.017	0.020	0.032	0.021	0.023	0.054	0.019	0.023	0.032
修正済み決定係数:overall		0.060	0.064	0.077	0.057	0.060	0.093	0.070	0.074	0.081
サンプルサイズ		47,648	47,648	47,648	29,993	29,993	29,993	17,655	17,655	17,655

注1：***，**，*はそれぞれ推定された係数が1％，5％，10％水準で有意であるのかを示す．
注2：（　）内の値は標準誤差を示す．
注3：初職の職種ダミーはコーホートAのみのサンプルで利用可能であるため，コーホートB，Cのサンプルは分析対象外としている．
注4：KHPS2004-KHPS2013から作成した回顧パネルデータから筆者推計．

いずれの場合も年齢別失業率より学卒時失業率のほうが大きい傾向にあった．この結果は，学卒時の労働市場の需給状況の悪化のほうが各時点の労働市場の需給状況の悪化よりも転職回数に大きな影響を及ぼすことを意味する．バブル崩壊以降の学卒者の場合，この世代効果のほうが強く働き，転職回数を増加させた可能性がある．

最後に初職の職種ダミーを加えた(B3)，(B6)，(B9)をみると，男女間で初職の職種ダミーの推計結果に違いがみられた．男性の場合，販売従事者，サービス職従業者，運輸・通信従業者，製造・建築・保守・運搬作業者，専門的・技術的職業従事者が正に有意な値を示していた．これらの初職だと，事務作業者よりも転職回数が増加することとなる．係数の大きさに注目すると，サービス職従業者の値が最も大きく，次いで販売従事者の値が大きかった．これらサービス関連の職種だと，男性の転職回数が特に増加するといえる．次に女性の値をみると，情報処理技術者のみが正に有意な値を示していた．女性の場合，初職が特に情報処理技術者だと転職回数が増加することとなる．女性においてサービス関連の職種が有意な値を示していなかったが，この背景として①初職が転職回数に及ぼす影響を他の説明変数が吸収している可能性[19]や②男性よりも相対的に初職と初職以降の職種の相関が低く，転職回数に及ぼす影響が小さい可能性[20]が考えられる．

---

[19] ①については，具体的に雇用形態ダミーや学卒時の失業率が初職の影響を吸収している可能性がある．サービス関連の職種ほど非正規雇用で働く場合が多いと同時に，学卒時の需給状況が悪化した際に労働需要の大きいサービス関連の職種に就職してしまうといった可能性がある．そこで，これらの説明変数を用いずに，再度分析を行ったところ，販売従事者，サービス職従業者の初職ダミーが10%水準で正に有意となった．

[20] ②を検証するために，KHPS2004-KHPS2013の各パネル調査時点の職種と初職の職種の相関係数を確認した．Pearsonの積率相関係数による分析の結果，男性の場合，販売従事者の相関係数は0.51，サービス職従業者の相関係数は0.46であった．なお，いずれの1%水準で有意であった．これに対して女性の場合，販売従事者の相関係数は0.23，サービス職従業者の相関係数は0.27であった．なお，女性でもいずれも1%水準で有意であった．これらの結果から，男女とも初職の職種とその後の職種には有意な正の相関が確認できるものの，男性の方が相関は強いといえる．

3.6 結論

 本章の目的は，KHPS を用い，労働者の転職回数やその時期，転職回数の決定要因を分析することであった．わが国では転職に関する数多くの研究が存在するものの，労働者の生涯にわたる転職行動を記録したデータが存在していなかったため，労働者の長期にわたる転職回数や転職時期等を詳細に分析することができなかった．本章ではKHPSの就業履歴に関する質問項目を用い，労働者の15歳時点からの転職行動を把握可能な回顧パネルデータを作成し，この課題を解決した．本章の分析の結果，次の5点が明らかになった．

 1点目は，イギリスやドイツと同じく，わが国でも男女とも29歳までで全転職の約半分を経験していた．2点目は，男女とも29歳以下で転職発生割合が最も高く，年齢階層が上昇するにつれて転職発生割合が低下していた．また，バブル崩壊以降に学校を卒業し，労働市場へ参入した労働者ほど，転職しやすくなっていた．3点目は，男女とも転職が0回，もしくは1回の場合が大半であり，2回以上転職する割合は決して多くなかった．わが国において，転職を多く経験する労働者は，一部だといえる．4点目は，男女とも初職の職種がサービス関連の職種であるほど，転職回数が増加していた．5点目は，転職回数の決定要因について分析した結果，高学歴者ほど，正規雇用就業者ほど，労働市場の需給状況が悪化しているほど，累積転職回数が抑制されていた．また，年齢が高く，労働市場における就業経験年数が長いほど，結婚した場合ほど，バブル崩壊以降に学校を卒業し，労働市場で働きはじめた場合ほど，累積転職回数が増加していた．さらに，学卒時失業率が高いほど累積転職回数が増加していた．男性の場合，特に初職の職種がサービス関連の職種だと転職回数が増加し，女性の場合，初職の職種が情報処理技術者だと累積転職回数が増加していた．

 以上の分析結果をまとめると，海外の先行研究と類似点と相違点があることがわかる．類似点は，29歳までの若年時に多くの転職を経験する点である．相違点は，2回以上転職する割合は決して多くないという点であり，海外と比較しても転職回数は少ないといえる．アメリカでは生涯のうちに約10の職を経験し（Hall, 1982），イギリスでは生涯のうちに約5の職を経験する（Booth, et al., 1999）．これらの結果と比較すると，わが国の労働移動は相対

的に活発ではないといえる．しかし，バブル崩壊以降に労働市場で働き始めた労働者ほど転職しやすくなっており，今後の動向が注目される．

最後に本稿に残された2つの課題について述べておきたい．1つ目は，回顧パネルデータを利用した分析の説明変数についてである．回顧パネルデータを利用した場合，サンプルサイズが大きくなるものの，使用できる説明変数が限定されてしまった．本来であれば賃金，金融資産といった変数も使用し，転職回数との関係を分析すべきあったが，KHPSの質問項目の構成上，これらの変数を使用できなかった．この点は本稿の課題であり，別なデータを使用し，再度分析していきたい[21]．2つ目は，転職回数と賃金の関係についての分析である．今回の分析では転職行動と累積転職回数の決定要因について検証したが，転職回数と賃金については検証しなかった．しかし，この点を分析することは，転職を繰り返すことがわが国の労働市場でどのように評価されるのかを明らかにすることにつながるため，研究意義は大きい[22]．この点については今後，改めて分析していきたい．

---

[21] 本稿の分析では固定効果を考慮した推計手法を使用しているため，期間中に変化しない要因については考慮されていると考えられる．

[22] 転職回数と賃金の関係については，西村（2008）が株式会社リクルートワークス研究所の「ワーキングパーソン調査2006」を使用し，分析している．その分析の結果，転職回数が多いほど，賃金が低下する傾向にあることがわかった．しかし，この分析ではクロス集計による平均値の比較であり，さまざまな要因をコントロールしていない．そこで，KHPS2004–KHPS2013のパネル調査期間のデータを用い，転職回数と賃金の関係をOLSで分析した．この分析の結果，男性の場合，Pooled OLSでは転職回数が有意に負の値を示していた．この結果は，転職回数が多いほど賃金が低下することを示しており，西村（2008）と整合的となっている．しかし，ハウスマン検定によって採択されたFixed Effect OLSの結果をみると，転職回数は有意となっていなかった．この結果は，観察できない労働者の固定効果をコントロールすると，転職回数は賃金に影響を及ぼさなくなることを意味する．この結果はどのように解釈できるのだろうか．固定効果を考慮することで転職回数が有意でなくなるといった点を考慮すると，労働者固有の効果，特に生産性などの能力が転職回数の負の効果の背景にあると考えられる．この分析結果からわが国ではMover-Stayer Model（Blumen, et al., 1955）が男性労働者の転職行動を説明できる可能性がある．つまり，もともと生産性が低い労働者ほど転職を繰り返す傾向にあると考えられる．この点に関しては，樋口（2001）は転職者ほど継続就業者よりもともとの賃金水準が低いことを指摘しており，分析結果と整合的である．女性についても分析を行ったが，いずれの場合も転職回数が有意な値を示していなかった．女性の場合，転職回数と賃金の間に明確な関係はみられないといえる．

第4章

日本における転職コストの再推計
―― 転職によって賃金は上昇するのか，

それとも低下するのか――†

要約

　本章の目的は，「消費生活に関するパネル調査」を用い，これまでの研究の課題を解消したうえで，転職が賃金に及ぼす影響を再度検証することである．具体的には，Propensity Score Matching 法を用いることで転職のセルフ・セレクションの影響を考慮し，男女別に転職が賃金に及ぼす影響を検証した．この分析の結果，次の2点が明らかになった．

　1点目は，転職と賃金の関係を分析した結果，男性，女性の両方ともほとんどの場合において，転職が時間当たり賃金率の水準や変化率に影響を及ぼしていなかった．

　2点目は，賃金が変化しないのに転職する理由を明らかにするためにも非金銭的な労働条件と転職行動について分析した結果，上司との人間関係が良好であるほど，転職が抑制される傾向にあった．この分析結果から，仮に賃金が上昇しなくても，上司との関係改善を求めて労働者は転職していると考えられる．

---

† 本章の作成にあたり公益財団法人家計経済研究所が実施した「消費生活に関するパネル調査」の個票データと慶應義塾大学パネルデータ設計・解析センターによる「慶應義塾家計パネル調査」の個票データの提供を受けた．ここに記して感謝する次第である．なお，本稿は佐藤一磨（2014b）「日本における転職コストの再推計－転職によって賃金は上昇するのか，それとも低下するのか－」一橋大学経済研究所社会科学統計情報研究センター研究集会「ミクロデータから見た我が国の社会・経済の実像」の内容を大幅に修正・加筆したものである．

4.1 問題意識

本章の目的は,「消費生活に関するパネル調査」を用い,転職が賃金に及ぼす影響を男女別に検証することである.

わが国はバブル崩壊以降,「失われた20年」といわれるほどの長期不況を経験してきた.この間,阿部 (2005) で指摘されているとおり,産業構造も変化し,製造業を中心とした第2次産業からサービス業を中心とした第3次産業へと労働需要がさらにシフトした.このような産業構造の変化に伴い,円滑な労働移動が達成されているかどうかは,わが国の労働資源が効率的に活用されているのかを検証するうえで重要になる.転職を通じて労働移動が円滑に行われている場合,労働資源が有効活用されていることになるが,転職が何らかの要因によって阻害されていた場合,失業といった形で労働者は経済的な損失を被ることとなる.このため,わが国における転職市場の実態を把握することは政策的にも重要となる.

第2章,第3章では転職行動について詳細に分析を行ったが,本章では転職前後の賃金変化について注目する.労働者が転職する際,さまざまな労働条件の改善を目的としていると考えられるが,そのなかでも賃金は重要な労働条件の1つだといえる.もし転職によって賃金水準が低下するだけでなく,その影響が持続する場合,そのコストは大きく,転職することが非経済合理的な行動となる.これに対して転職によって賃金水準が上昇する場合,労働条件は改善されるため,転職することが経済合理的な行動となる.このように転職による賃金変化は,転職が促進されるかどうかの重要な基準となると考えられるため,その動向が注目される.

実際,1993年の『労働白書』では40歳で転職した時に発生する生涯所得の変化を分析しており,その分析の結果,40歳前後で転職すると生涯所得が2500万円程度低下することを明らかにした.この分析結果に基づけば,転職が非経済合理的な行動となる.しかし,樋口 (2001) は,パネルデータを用いることで,同一個人が転職した場合の賃金水準と継続就業者の賃金水準を比較し,転職者の賃金水準のほうがもともと低いこと,そして,転職者の賃金上昇率のほうが継続就業者よりも高いことを明らかにした.この分析結

果から，転職者のほうがもともとの賃金水準は低いものの，転職後に経済状況が向上しているため，転職は経済合理的な行動であると指摘している．

　樋口（2001）はパネルデータの特徴を生かしたうえで転職前後の賃金変化を検証している点で非常に興味深い研究である．しかし，次の3点において改善すべき余地が残っている．1点目は，分析期間についてである．樋口（2001）は1993年から1999年までを分析対象期間としているため，2000年以降の期間を分析することができていない．2000年以降では賃金プロファイルのフラット化がさらに進展するだけでなく，アメリカのリーマン・ブラザーズの倒産に端を発した世界的な金融危機も発生しており，労働者を取り巻く環境が大きく変化している．太田（1999）で指摘されるように，転職の動向は各時点の景気変動から大きな影響を受けるため，その賃金変化も影響を受けている可能性が高い[23]．2点目は，転職前後の賃金変化を計測する手法についてである．樋口（2001）は転職前後の賃金変化を計測する際，クロス集計による賃金変化率の平均値を算出している．この場合，学歴，勤続年数，産業，職種等のさまざまな個人属性の影響がコントロールされていないため，適切に転職前後の賃金変化を計測できていない恐れがある．さらに，Altonji and Shakotko（1987）やKeith and McWilliams（1999）で指摘されているように，生産性が低く，現在の企業では賃金が低い労働者ほど転職による便益が大きく，転職しやすい傾向がある．このようなセルフ・セレクションがある場合，単純な回帰分析では推計結果にバイアスが発生する恐れがある．3点目は，転職後の長期的な賃金変化についてである．樋口（2001）は転職前後2年間の賃金水準および賃金変化率の推移を検証しているが，さらにその後の賃金の動向については分析していない．転職の影響が長期にわたる場合，転職2年後以降にも賃金に変化がみられると考えられるが，この点はまだ明らかになっていない．

　そこで，本章ではこれらの3点を考慮したうえで，転職が賃金に及ぼす影響を再度検証する．分析に使用するデータは1993年から2009年までの「消

---

[23] 内閣府の「平成25年度　年次経済財政報告」は，会社都合で非製造業へと転職した製造業の生産工程従事者の場合，リーマン・ショック後の転職による賃金悪化が大きいことを指摘している．

費生活に関するパネル調査（以下，JPSC）」である．樋口（2001）でもJPSCを使用しているが，本章ではより長期間のデータを使用する．また，本章ではPropensity Score Matching法を用い，転職者と継続就業者の個人属性の違いとセルフ・セレクションによるバイアスをコントロールする．さらに，今回の分析では転職5年後までの賃金変化について検証する．

　本章の構成は次のとおりである．第2節では政府統計を用い，転職後の賃金変化の現状について把握する．第3節では先行研究を概観し，本論文の位置づけを確認する．第4節では使用データについて述べる．第5節では推計手法を説明し，第6節では推計結果を説明する．第7節では補足分析を行い，第8節では本章の結論を述べる．

4.2　転職前後の賃金変化の現状

　本節では政府統計を用い，転職前後の賃金変化の現状を確認する．使用するのは1991年から2012年までの厚生労働省「雇用動向調査」である．この「雇用動向調査」では転職入職者の賃金変動を調査しており，そのデータを用い，転職前後の賃金変化を確認する．

　図表4.1は年齢合計の転職入職者の賃金変化を示している．この図をみると，転職前後で賃金が1割以上拡大した割合が徐々に低下していることがわかる．特に顕著な変化がみられるのが1998年であった．おそらく，この背景には金融危機による急速な景気後退が影響を及ぼしていると考えられる．

　時系列的に増加傾向にあるのは1割未満増減であり，近年では6割近くを占めるに至っている．転職を経験した労働者の賃金変動が小さくなっているといえる．また，1割以上減少した割合は大きく変化していなかった．バブル崩壊以降の長期不況によって労働市場の需給状況が悪化していたが，転職による賃金低下には大きな影響を及ぼしていない可能性が考えられる．

　次に図表4.2，図表4.3の30歳未満の若年層の賃金変動の値をみていくと，図表4.1と同じく，転職によって1割以上賃金の上昇する割合が低下し，1割未満増減する割合が増加する傾向にあった．労働移動しやすい若年層でも転職によって賃金が大きく上昇しにくくなっているといえる．

　次に図表4.4，図表4.5の30〜59歳未満の中高齢層の賃金変動の値をみて

第4章 日本における転職コストの再推計

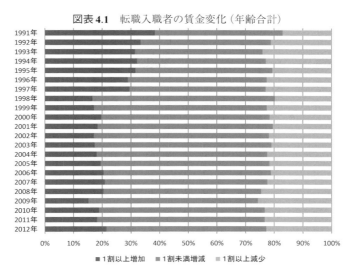

図表4.1 転職入職者の賃金変化（年齢合計）

資料出所：厚生労働省「雇用動向調査」.

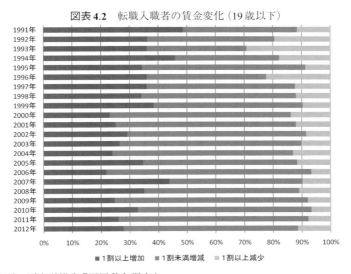

図表4.2 転職入職者の賃金変化（19歳以下）

資料出所：厚生労働省「雇用動向調査」.

61

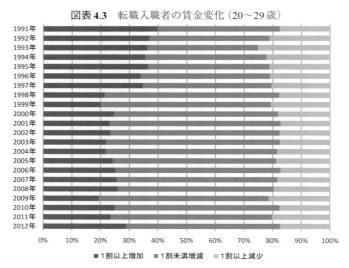

図表4.3 転職入職者の賃金変化（20〜29歳）

資料出所：厚生労働省「雇用動向調査」.

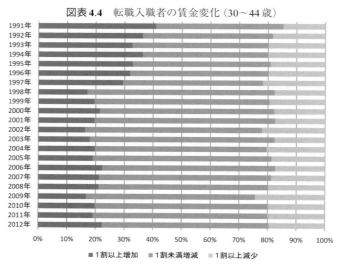

図表4.4 転職入職者の賃金変化（30〜44歳）

資料出所：厚生労働省「雇用動向調査」.

第4章　日本における転職コストの再推計

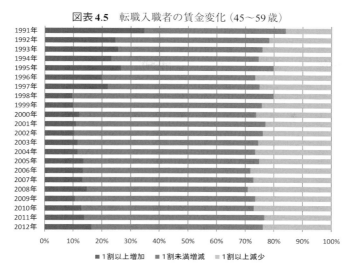

図表4.5　転職入職者の賃金変化（45〜59歳）

資料出所：厚生労働省「雇用動向調査」．

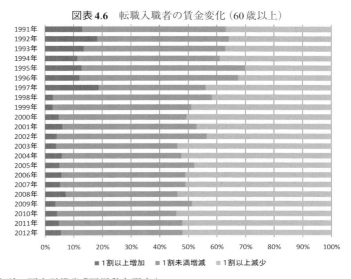

図表4.6　転職入職者の賃金変化（60歳以上）

資料出所：厚生労働省「雇用動向調査」．

63

いくと，こちらも図表4.1と同じく，転職によって1割以上賃金の上昇する割合が低下し，1割未満増減する割合が増加していた．全年齢層の場合と同じく，1997年前後で賃金上昇幅が縮小しており，転職によって労働条件が大幅に改善しにくくなっているといえる．

最後に図表4.6の60歳以上の賃金変動の値をみると，他の年齢層よりも1割以上減少する割合が大きく，その割合が緩やかに上昇する傾向を示していた．また，1割以上賃金が上昇する割合も小さく，高齢の場合，転職によって賃金が上昇しにくい状況にあるといえる．

以上の結果をまとめると，いずれの年齢層でも転職による1割以上の賃金上昇割合が低下し，1割未満の増減割合が増加していた．転職によって賃金が大きく変化しにくくなっているといえる．

4.3 先行研究

転職によって賃金はどのような影響を受けるのだろうか．この点に関する理論として Light and McGarry (1998) は，mover-stayer model (Blumen, et al., 1955)，"search good" model of job matching (Burdett, 1978; Jovanovic, 1979b)，"experience good" model of job matching (Johnson, 1978; Jovanovic, 1979a) の3つがあることを指摘している．1つ目の mover-stayer model は，生産性の高い労働者ほど同一の企業で働き，生産性の低い労働者ほど転職を繰り返すと考えている．このモデルでは生産性の低さは労働者個人の能力に起因するものであり，転職を通じても賃金が上昇しないと考えている．2つ目の "search good" model は，労働者はマッチングの高い企業へと転職を通じて移動し，この結果，賃金も上昇すると考えている．このモデルでは労働者は事前に転職先とのマッチングの程度を知っており，転職を通じてマッチングが高まるため，労働者の移動が徐々に発生しにくくなると考えている．3つ目の "experience good" model は，労働者は事前に転職先とのマッチングの程度を知らないと想定しており，就業期間を通じて企業とのマッチングの程度が明らかになっていくと考えている．このため，マッチングが良ければ高い生産性が発揮され，賃金も上昇するが，マッチングが悪ければ賃金は低く，転職しやすくなると考えている．これ以外でも，人的資本理論の視点から転職が賃金

に及ぼす影響を解釈できる．人的資本理論では転職によってそれまで蓄積してきた人的資本，特に企業特殊的人的資本を喪失するため，その分だけ生産性が低下し，賃金も減少すると考えている．特にわが国の場合，長期雇用を通じて企業特殊的人的資本を蓄積する傾向が強いと指摘されているため（Mincer and Higuchi, 1988），他国よりも転職による賃金低下が大きい可能性がある．

　これらの理論モデルをもとに多くの実証分析が行われている．たとえば，Topel and Ward（1992）は Longitudinal Employee-Employer Data（LEED）を用い，若年労働者の転職行動と賃金に関する分析を行っている．分析の結果，労働市場に参入後の最初の10年間に多くの労働者が7つの職を経験しており，これは労働者のすべての転職経験のうちの3分の2に該当することを明らかにした．また，転職による賃金の上昇が初期の賃金上昇の3割程度にまで達することを明らかにした．これらの結果から，労働者にとって若年時の転職は自らの適性を明らかにすると同時に，賃金上昇の面でも重要だと指摘している．Jacobson, Lalonde and Sullivan（1993）は企業の大量解雇による転職が賃金に及ぼす影響を分析している．ペンシルベニア州の行政データを用いた分析の結果，失職直後に約40%の所得低下を経験し，失職6年後でも25%の所得低下がみられることを明らかにした．この結果から，転職によって必ず賃金が上昇するわけではなく，その理由によっては持続的に賃金が低下すると指摘している．Keith and McWilliams（1995）は National Longitudinal Survey of Youth（NLSY）を用い，転職経験回数が若年男女の賃金に及ぼす影響を分析している．この論文では転職理由を経済的理由による自発的転職，家庭の事情による自発的転職，レイオフ，解雇の4つに分割し，それぞれが賃金に及ぼす影響を検証した．分析の結果，男女とも経済的理由による自発的転職だと転職によって賃金が上昇するが，レイオフ，解雇だと賃金が減少することが明らかになった．また，Keith and McWilliams（1999）はNLSYを用い，転職前の在職中のジョブサーチと転職理由が転職後の賃金に及ぼす影響を男女別に分析している．分析の結果，男女とも転職前の在職中にジョブサーチを行い，かつ経済的な理由によって自発的に転職した場合，賃金が上昇することを明らかにした．また，女性の場合，男性と比較して家庭の事情

によって自発的に転職することが多く，この場合だと転職後に賃金が低下する傾向にあることを明らかにした．さらに，レイオフ，解雇によって転職すると賃金は低下するが，転職前の在職中のジョブサーチを行っている場合だと賃金の低下が抑制されることがわかった．これらの結果から，転職前の在職中のジョブサーチの有無が転職理由と共に賃金に大きな影響を及ぼすと指摘している．

　以上の先行研究から明らかなとおり，転職理由やジョブサーチの開始時期によって転職後の賃金が大きな影響を受ける．それではわが国における転職は賃金にどのような影響を及ぼしているのだろうか．この点について分析した研究に樋口（1991），樋口（2001），大橋・中村（2002），阿部（2005），勇上（2005）がある．樋口（1991）は Panel Study of Income Dynamics（PSID）や「就業構造基本調査」の個票データを用い，日本の勤続年数延長による賃金上昇がアメリカよりも大きく，転職率も低いことを明らかにした．この背景には日本では企業特殊的人的資本を重視する傾向があると考えられ，これは転職に伴う賃金低下が大きい可能性があることを示唆している．樋口（2001）はJPSCを用い，転職者と継続就業者の賃金水準や賃金上昇率を比較している．分析の結果，転職者のほうが継続就業者よりも賃金水準は一貫して低いが，転職後の賃金上昇率は転職者のほうが高い傾向にあることを明らかにした．大橋・中村（2002）は連合総合生活開発研究所の「勤労者のキャリア形成の実態と意識に関する調査」を用い，転職理由別に賃金変化を分析している．この論文には2つの特徴があり，1つ目は転職理由を会社都合離職，前向き離職，不満解消型離職，家庭事情型離職の4つに分類した点である．2つ目は，転職前後の賃金水準の推計値を算出し，転職による賃金変化を計測している点である．分析の結果，会社都合離職の場合，転職後の賃金低下が大きいだけでなく，求職活動期間が短縮するため，マッチングの良い企業に再就職することが難しくなることを明らかにした．また，若年時に前向きな理由によって離職した場合，企業と労働者のマッチングの改善効果が長期にわたるため，転職の賃金へのプラスの効果が大きいことも明らかにした．阿部（2005）は厚生労働省「雇用動向調査」を用い，産業特殊的人的資本の重要性について分析している．分析の結果，転職前後において同一産業に再就職す

る労働者ほど，賃金の低下幅が小さいことを明らかにした．また，勇上 (2005) は労働政策研究・研修機構の「求職活動に関する調査」を用い，転職理由と賃金の関係を分析している．この分析の結果，求職活動期間が長期化するほど賃金が低下し，女性の自発的な離職者ほど倒産・廃業で離職した場合より転職後に賃金が上昇することを明らかにした．また，求職活動時に離職企業のサポートがある場合，再就職までの期間は短縮化するが，転職前後の賃金変化には影響を及ぼさないことを明らかにした[24]．

以上，国内，海外の先行研究を簡単に概観したが，国内の研究ではクロスセクションデータを用いた研究が多く，転職が賃金に及ぼす長期的な影響を検証した研究は少ない．また，回帰分析を用いて転職の効果を検証している分析が多く，セルフ・セレクションに対処している研究も少ないといえる．そこで，本論文ではこれらの点を考慮したうえで転職が賃金に及ぼす影響を検証する．

4.4 データ

使用データはJPSCである[25]．この調査は第1回目の1993年時点における24～34歳の若年女性1500名を調査対象としており，毎年調査を実施している．本論文で利用できるのは第17回目調査の2009年までである．以下では1993年から2009年までのデータをJPSC1993-JPSC2009と呼ぶ．なお，JPSC1997，JPSC2003およびJPSC2008で新規調査サンプルが追加されている．分析では，2009年までのすべてのデータを使用する．JPSCは，調査対象者の就学・就業，世帯構成，資産，住居，健康など幅広いトピックをカバーしている．

---

[24] これら以外の先行研究に佐藤 (2015) がある．佐藤 (2015) と本章の大きな違いは，佐藤 (2015) では非自発的な理由による失職が年収に及ぼす影響を分析しているが，本章では自発，非自発を含むすべての転職が時間当たり賃金率やその変化率に及ぼす影響を分析している点にある．このように本章では，転職全体を分析対象としている点に違いがある．

[25] 転職の分析を行うにあたり，「慶應義塾家計パネルデータ（KHPS）」も利用可能であったが，(1) JPSCのほうが長期間にわたるパネルデータであり，転職経験サンプルが多い，(2) 樋口 (2001) と同一のデータであるため，結果を比較しやすい，といった2つの理由からJPSCを使用した．

JPSCの調査対象は女性であり、男性のデータは調査対象者に配偶者がいる場合のみ利用可能となっている。本論文の分析では男性も分析対象サンプルとして活用する[26]。

分析対象は59歳以下の男性、女性であり、転職を経験したサンプルと継続就業しているサンプルに分けられる。前者の転職経験サンプルは、転職1年前に雇用就業についており、転職後に雇用就業に再就職したサンプルとなっている。分析では継続就業サンプルの時間当たり賃金率と比較して、転職経験サンプルの時間当たり賃金率がどのように変化するのかを検証する。なお、自営業や家族従業者は雇用就業者と賃金の決定方法が異なると考えられるため、分析対象から除外した。

4.5 推計方法

転職が賃金に及ぼす影響を検証する場合、2つの対処すべき課題がある[27]。1つ目の課題は、セルフ・セレクションによって発生するバイアスである。Altonji and Shakotko (1987)、Keith and McWilliams (1999)、そして大橋・中村 (2002) で指摘されているように、生産性が低く、現在の企業では賃金が低い労働者ほど転職による便益が大きく、転職しやすい傾向がある。実際、樋口 (2001) は継続就業者と比較して、転職者ほどもともと賃金が低い傾向にあることを指摘している[28]。このようなセルフ・セレクションがある場合、単純な回帰分析では推計結果にバイアスをもたらす恐れがある。この問題を解決するには、転職を経験した労働者の賃金と転職を経験した労働者が転職を経験せずに継続就業した場合の仮想的な賃金を比較するといった方法をとる必要がある。この問題に対して、Mincer (1986) はt期に転職した労働者の賃金上昇率と$t+1$期に転職するが、t期は継続就業している労働者の賃金上

---

[26] 男性は既婚者のみのサンプルに限定されるため、サンプルセレクション・バイアスが発生する恐れがある。このため、推計結果の解釈の際には注意が必要となる。

[27] 近藤 (2010) では倒産・解雇等の理由による失職が賃金に及ぼす影響を計測する際の課題を的確に整理しており、ここではその内容を参考にしている。

[28] 樋口 (2001) と同じ手法を用い、今回のデータでも$t+1$期に転職する労働者と継続就業する労働者のt期の対数時間当たり賃金率の違いを検証したが、転職者の賃金率ほど低い傾向にあった。

昇率を比較することで対処している．ここで$t+1$期に転職する労働者のt期の賃金上昇率は，t期の転職者が継続就業した場合の賃金上昇率の予想値として使用されている．この分析では，$t+1$期に転職する労働者は，転職に対する志向や観察できない個人属性等がt期に転職する労働者と近く，比較対象として適切だと考えられている（Keith and McWilliams, 1999）．本論文ではこの問題に対して Mincer（1986）の手法ではなく，近年よく政策評価で活用される Propensity Score Matching 法を使用する．Propensity Score Matching 法では，転職経験者と似通った属性を持つ継続就業者を統計的手法によってマッチングし，その継続就業者の賃金を転職者が継続就業した場合の仮想的な賃金として使用する．特に本論文では転職と観察できない個人属性の相関によって発生するバイアスを考慮することができる Difference in Differences（DID）マッチング推計法（Heckman, Ichimura and Todd, 1997）を使用する．

　2つ目の課題は，転職の影響の計測期間である．転職直後だと賃金が大きく変化する．しかし，転職によって賃金プロファイル（賃金の傾き）も変化した場合，転職直後の賃金変化だけでは転職による長期的な影響を適切に計測できない恐れがある．この問題を解決するには，転職直後のみならず，転職後の数年間の賃金変化を計測する必要がある．本稿ではこの問題に対して，転職後5年間の賃金変化を分析することで対処する．

　以下では今回使用する Propensity Score Matching 法による ATT（Average Treatment effect on the Treated）の推計方法について説明する[29]．なお，Propensity Score Matching 法については，黒澤（2005）らに詳細な説明があるため，ここでは簡単に説明する．転職が賃金に影響を及ぼす場合，ATT は次式のとおりとなる．

$$\text{ATT} = E(Y_1 - Y_0 | D=1) = E(Y_1 | D=1) - E(Y_0 | D=1) \tag{4.1}$$

（4.1）式のうち，Y_i は時間当たり賃金率を示し，i は1，もしくは0の値をとる．Y_1 は転職した場合の値を示し，Y_0 は継続就業した場合の値を示す．D は転職，継続就業の状況を示し，雇用就業から転職した場合に1（トリート

---

[29] Propensity Score Matching 法の説明に関する記述は，佐藤（2013b）に基づいている．

メント・グループ），継続就業している場合に0（コントロール・グループ）となる．

　(4.1)式のうち$E(Y_0|D=1)$は，実際には転職したものが就業継続した場合の値となっているため，観測することができない．このため，(4.1)式のままではATTを計測できない．実際には$E(Y_0|D=1)$を観測可能な$E(Y_0|D=0)$で代替する必要がある．

　これを可能にしたのがPropensity Score Matching法である（Rosenbaum and Rubin 1983）．Propensity Score Matching法ではさまざまな個人属性Xを用いて転職確率（$Pr(D=1|X)=P(X)$）を算出し，その転職確率が近いトリートメント・グループとコントロール・グループのサンプルをマッチングさせる．この結果，$E(Y_0|D=1)$を$E(Y_0|D=0)$で代替可能となり，バイアスがない形でATTを計測できるようになる．なお，この$Pr(D=1|X)$は，Propensity Scoreといわれ，ProbitモデルあるいはLogitモデルで推計される．

　Propensity Scoreによってマッチングされたサンプルを用いたATTは次式で示され，この推計量はクロスセクション・マッチング推計量と呼ばれる．

$$\text{ATT}_{CS} = \frac{1}{n_1} \sum_{i=1\{D_i=1\}}^{n_1} \left[Y_{1i} - \sum_{j=1\{D_i=0\}}^{n_0} W(i,j) Y_{0j} \right] \quad (4.2)$$

ただし，n_1は転職を経験した労働者の標本数，n_0は転職を経験せず，継続就業していた労働者の標本数を示す．また，$W(i,j)$はPropensity Scoreに基づく継続就業者サンプルへのウェイトであり，$\sum_j W(i,j)=1$となる．

　(4.2)式で推計されるATTは，マッチングによって個人属性の違いを調整できるという利点があるものの，観察可能な個人属性X以外の要因が転職の決定に影響を及ぼしている場合，一致性をもたなくなるという欠点がある．そのような観察不可能な要因が及ぼす影響を考慮するために，ここではDIDマッチング推計法を使用する（Heckman, Ichimura and Todd, 1997）．この場合，ATTは次式のとおりとなる．

$$\text{ATT}_{DID} = \frac{1}{n_{1t}} \sum_{i=1\{D_i=1\}}^{n_{1t}} \left[Y_{1ti} - \sum_{j=1\{D_i=0\}}^{n_{0t}} W(i,j) Y_{0tj} \right]$$
$$- \frac{1}{n_{1s}} \sum_{i=1\{D_i=1\}}^{n_{1s}} \left[Y_{1si} - \sum_{j=1\{D_i=0\}}^{n_{s0}} W(i,j) Y_{0sj} \right] \tag{4.3}$$

ただし，t は雇用就業から転職へ移行した後の時点，s は転職する以前の時点を示しており，n_{1t} と n_{1s} は各時点の転職を経験した標本数を示している．

この Propensity Score Matching 法を使用する際，次の3点に注意した．1点目は，コモン・サポートについてである．今回の分析では，トリートメント・グループとコントロール・グループで適切な比較対象が存在するサンプルに分析対象を限定している．2点目は，Propensity Score の説明変数の選択基準である．本稿では Light and McGarry（1998），Keith and McWilliams（1995, 1999），樋口（2001）といった先行研究を参考に説明変数を選択した．また，Dehejia and Wahba（1999, 2002）による Balancing Property に基づく検定を行っており，いずれの説明変数も棄却されていない．3点目は，トリートメント・グループとコントロール・グループのマッチング方法である．今回は Nearest Neighbor Matching with a Caliper を使用する[30]．なお，推計の際の標準誤差はブートストラッピング法によって算出した．反復回数は300回である．また，今回は同一年におけるトリートメント・グループとコントロール・グループをマッチングしている[31]．

Y_i には消費者物価指数を用い実質化した時間当たり賃金率と対数時間当たり賃金率を用いる．今回の DID マッチング推計法では，転職前年の時点（$t-1$ 年）の値を基準として，転職年（t 年），転職1年後（$t+1$ 年），転職2年後（$t+2$ 年），転職3年後（$t+3$ 年），転職4年後（$t+4$ 年），転職5年後（$t+5$ 年）の時間当たり賃金率と対数時間当たり賃金率の差分を分析に使用する．時間

---

[30] Kernel Matching と Radius Matching を用いた分析も行った．分析の結果の詳細については Appendix を参照されたい．
[31] たとえば，2009年の転職者と似通った属性を持つ2009年の継続就業者のマッチングを行っている．

当たり賃金率の差分では転職者と継続就業者の賃金水準に違いがみられるのかを検証しており，対数時間当たり賃金率の差分では転職者と継続就業者の賃金変化率に違いがみられるのかを検証している．また，このように転職後の数年間にわたって賃金の変化を分析するのは，転職の長期的な影響を検証するためである．

Dは，雇用就業から転職を経験した場合に1，継続雇用就業の場合に0となるダミー変数である．なお，今回はパネル期間中の2回目以降の転職を分析対象外としている．これは，2回目以降の転職は初回の転職が賃金に及ぼす影響と違いがあると考えられるためである[32,33]．

Propensity Scoreの推計に用いる個人属性Xには学歴ダミー，年齢とその2乗項，勤続年数とその2乗項，転職経験回数ダミー[34]，雇用形態ダミー，業種ダミー，職種ダミー，企業規模ダミー，結婚期間ダミー[35]，5歳以下の子どもありダミー，6～12歳の子供ありダミー，子どもの数，貯蓄額ダミー，持家ありダミー，コーホートダミー，市郡規模ダミー，年次ダミーを使用している．いずれの変数も1期前の値を使用しており，Propensity Scoreの推計にはLogitモデルを使用している．

今回はサンプルを男性，女性に分けて推計する．男女別にサンプルを分割するのは，次の2つの理由からである．1つ目の理由は，性別によって労働条件が大きく異なるため，転職が及ぼす影響も男女によって異なると考えられるためである．2つ目の理由は，男女間における転職理由の違いである．女性の場合，男性よりも結婚，出産といった家庭の事情で転職する比率が多

---

[32] 男性の場合，パネル期間中の総転職件数は422件であり，そのうちの161件（全体の38%）が2回目以降の転職であった．女性の場合，パネル期間中の総転職件数は890件であり，そのうちの345件（全体の39%）が2回目以降の転職であった．

[33] JPSCでは各コーホートの初回の調査でパネル調査期間以前の転職経験回数を質問している．この質問項目を用いれば，パネル調査期間前後を含めて初めての転職を識別することが可能となる．しかし，このような初回転職サンプルのみに限定すると，サンプルサイズが少なくなり，推計が困難となるため，今回は分析を断念した．この点は今後の研究課題である．

[34] 転職経験回数ダミーはパネル調査以前の転職経験回数の違いをコントロールするために使用している．

[35] 女性で未婚の場合，結婚期間は0年と設定している．

い．この転職理由の構成比の違いは，賃金にも影響を及ぼすと考えられるため，男女別に推計していく．なお，推計に使用した変数の基本統計量は図表4.7，図表4.8に掲載してある．

4.6 推計結果

4.6.1 転職前後の賃金変化に関する記述統計

本節ではDIDマッチング法の推計結果を検討する前に，Nearest Neighbor Matching with a Caliperでマッチングされたサンプルを用い，転職者と継続就業者の時間当たり賃金率の推移の違いを検証する．

ここでの継続就業者とは，パネル期間中に一度も転職を経験せずに同一企業で就業しつづけたサンプルのうち，Nearest Neighbor Matching with a Caliperで抽出された転職者と近い個人属性を持つ労働者のことをさす．なお，図表4.9は，59歳以下の男女別の転職に関するLogitモデルの推計結果であり，このLogitモデルの推計によって得られたPropensity Scoreを用い，マッチングを行っている．

図表4.10，図表4.11は女性の転職者の転職1年前から転職5年後までの時間当たり賃金率の水準の推移と時間当たり賃金率の変化率の推移を示している．変化率は転職1年前の時間当たり賃金率の平均値を基準に算出している．図中には継続就業者の値も掲載してあるが，これはNearest Neighbor Matching with a Caliperでマッチングされた継続就業者の同時点の値を示す．この継続就業者の値は，転職者が転職せずに，継続就業した場合の仮想的な賃金率の推移を示すこととなる．このため，図中の転職者と継続就業者の値の差が転職の賃金に及ぼす影響と解釈できる．

図表4.10をみると，転職後の賃金率は上昇傾向にある．しかし，一貫して転職時の賃金率のほうが継続就業時よりも低い傾向にあった．しかし，図表4.11の賃金変化率をみると，継続就業時と同等か，もしくは大きい場合があった．これらの結果から，女性の場合，転職によって時間当たり賃金率の水準が継続就業した場合よりも高くなる傾向はないが，賃金上昇率では継続就業した場合を上回る場合があるといえる．

次に図表4.12の男性の転職前後の時間当たり賃金率の水準の推移をみる

図表 4.7　基本統計量（男性）

	男性					
	就業継続サンプル			転職経験サンプル		
変数	サンプルサイズ	平均値	標準偏差	サンプルサイズ	平均値	標準偏差
転職年時間当たり賃金率差分	7557	43.02	415.70	205	−10.13	556.79
転職1年後時間当たり賃金率差分	6557	85.18	442.76	143	65.09	528.50
転職2年後時間当たり賃金率差分	5720	122.84	461.85	117	94.57	565.05
転職3年後時間当たり賃金率差分	4999	166.47	481.60	93	193.62	610.86
転職4年後時間当たり賃金率差分	4326	207.30	506.88	66	135.83	451.10
転職5年後時間当たり賃金率差分	3716	248.77	535.46	55	265.43	535.15
転職年対数時間当たり賃金率差分	7557	0.02	0.23	205	−0.03	0.42
転職1年後対数時間当たり賃金率差分	6557	0.05	0.24	143	0.04	0.32
転職2年後対数時間当たり賃金率差分	5720	0.07	0.25	117	0.06	0.34
転職3年後対数時間当たり賃金率差分	4999	0.09	0.26	93	0.10	0.36
転職4年後対数時間当たり賃金率差分	4326	0.11	0.27	66	0.07	0.29
転職5年後対数時間当たり賃金率差分	3716	0.13	0.28	55	0.14	0.32
学歴ダミー：中高卒	8580	0.40	0.49	252	0.40	0.49
学歴ダミー：専門・短大卒	8580	0.15	0.36	252	0.19	0.40
学歴ダミー：大卒	8580	0.45	0.50	252	0.40	0.49
年齢	8580	37.16	6.33	252	33.37	6.12
年齢の2乗項	8580	1420.74	486.34	252	1150.49	444.63
勤続年数	8580	12.29	7.48	252	7.16	6.61
勤続年数の2乗	8580	207.15	217.19	252	94.75	169.36
転職経験回数ダミー：0回	8580	0.79	0.40	252	0.56	0.50
転職経験回数ダミー：1回	8580	0.09	0.29	252	0.19	0.39
転職経験回数ダミー：2回以上	8580	0.11	0.32	252	0.24	0.43
正規雇用ダミー	8580	0.99	0.08	252	0.96	0.19
非正規雇用ダミー	8580	0.01	0.08	252	0.04	0.19
業種ダミー：農業・漁業・鉱業	8580	0.01	0.10	252	0.01	0.09
業種ダミー：建設業	8580	0.10	0.30	252	0.18	0.39
業種ダミー：製造業	8580	0.31	0.46	252	0.22	0.41
業種ダミー：卸売・小売業	8580	0.14	0.34	252	0.17	0.38
業種ダミー：金融・保険・不動産業	8580	0.06	0.24	252	0.09	0.28
業種ダミー：電気・ガス・水道・熱供給業	8580	0.11	0.31	252	0.12	0.32
業種ダミー：サービス業	8580	0.13	0.33	252	0.19	0.39
業種ダミー：公務	8580	0.15	0.36	252	0.02	0.14
職種ダミー：管理職	8580	0.06	0.24	252	0.03	0.18
職種ダミー：専門職	8580	0.02	0.13	252	0.01	0.11
職種ダミー：技術職・技能・作業職	8580	0.48	0.50	252	0.57	0.50
職種ダミー：教員	8580	0.04	0.19	252	0.00	0.06
職種ダミー：事務職	8580	0.31	0.46	252	0.23	0.42
職種ダミー：販売サービス職	8580	0.09	0.28	252	0.15	0.36
企業規模ダミー：100人以下	8580	0.29	0.45	252	0.59	0.49
企業規模ダミー：100-999人	8580	0.29	0.46	252	0.27	0.44
企業規模ダミー：1000人以上	8580	0.26	0.44	252	0.12	0.33
企業規模ダミー：官公庁	8580	0.16	0.36	252	0.02	0.14
結婚期間ダミー：5年以下	8580	0.28	0.45	252	0.49	0.50
結婚期間ダミー：6年以上10年未満	8580	0.31	0.46	252	0.27	0.45
結婚期間ダミー：11年以上	8580	0.40	0.49	252	0.23	0.42
5歳以下の子どもありダミー	8580	0.49	0.50	252	0.59	0.49
6-12歳の子どもありダミー	8580	0.46	0.50	252	0.32	0.47
子どもの数	8580	1.66	0.95	252	1.45	0.92
貯蓄額ダミー：200万円未満	8580	0.36	0.48	252	0.54	0.50
貯蓄額ダミー：200万円以上400万円未満	8580	0.24	0.43	252	0.27	0.44
貯蓄額ダミー：400万円以上	8580	0.36	0.48	252	0.16	0.37
持家ありダミー	8580	0.66	0.47	252	0.56	0.50
コーホートダミー：コーホートA	8580	0.74	0.44	252	0.60	0.49
コーホートダミー：コーホートB	8580	0.14	0.35	252	0.15	0.36
コーホートダミー：コーホートC	8580	0.11	0.31	252	0.23	0.42
コーホートダミー：コーホートD	8580	0.01	0.11	252	0.02	0.13
都市規模ダミー：政令市・特別区	8580	0.22	0.41	252	0.26	0.44
都市規模ダミー：その他の市	8580	0.60	0.49	252	0.57	0.50
都市規模ダミー：町村	8580	0.18	0.38	252	0.17	0.38

注1：表中の継続就業サンプルにおける「転職〇年後時間当たり賃金率差分」「転職〇年後対数時間当たり賃金率差分」は同時期における継続就業サンプルの値を示している．

注2：JPSC1993-JPSC2009から筆者作成．

第4章　日本における転職コストの再推計

図表4.8　基本統計量（女性）

	女性					
	就業継続サンプル			転職経験サンプル		
変数	サンプルサイズ	平均値	標準偏差	サンプルサイズ	平均値	標準偏差
転職年時間当たり賃金率差分	5438	29.60	252.16	440	2.22	324.56
転職1年後時間当たり賃金率差分	4273	64.36	266.09	250	69.09	327.47
転職2年後時間当たり賃金率差分	3572	94.15	284.26	194	104.18	367.91
転職3年後時間当たり賃金率差分	2998	123.58	293.81	148	101.12	330.12
転職4年後時間当たり賃金率差分	2519	153.18	316.07	113	149.83	343.60
転職5年後時間当たり賃金率差分	2082	178.25	323.96	88	147.40	308.67
転職年対数時間当たり賃金率差分	5437	0.02	0.21	440	0.00	0.35
転職1年後対数時間当たり賃金率差分	4272	0.05	0.21	250	0.07	0.31
転職2年後対数時間当たり賃金率差分	3571	0.07	0.22	194	0.10	0.36
転職3年後対数時間当たり賃金率差分	2997	0.09	0.23	148	0.10	0.32
転職4年後対数時間当たり賃金率差分	2518	0.11	0.25	113	0.13	0.33
転職5年後対数時間当たり賃金率差分	2081	0.13	0.24	88	0.17	0.39
学歴ダミー：中高卒	5824	0.32	0.47	484	0.39	0.49
学歴ダミー：専門・短大卒	5824	0.44	0.50	484	0.43	0.50
学歴ダミー：大卒	5824	0.24	0.43	484	0.18	0.38
年齢	5824	32.95	5.92	484	31.35	5.34
年齢の2乗項	5824	1120.62	410.68	484	1011.48	358.22
勤続年数	5824	9.45	6.83	484	5.55	4.45
勤続年数の2乗	5824	135.91	392.05	484	50.54	79.36
転職経験回数ダミー：0回	5824	0.67	0.47	484	0.48	0.50
転職経験回数ダミー：1回	5824	0.15	0.36	484	0.17	0.37
転職経験回数ダミー：2回以上	5824	0.17	0.38	484	0.34	0.47
正規雇用ダミー	5824	0.72	0.45	484	0.35	0.48
非正規雇用ダミー	5824	0.28	0.45	484	0.65	0.48
業種ダミー：農業・漁業・鉱業	5824	0.01	0.09	484	0.01	0.11
業種ダミー：建設業	5824	0.05	0.21	484	0.04	0.19
業種ダミー：製造業	5824	0.17	0.38	484	0.13	0.33
業種ダミー：卸売・小売業	5824	0.17	0.37	484	0.30	0.46
業種ダミー：金融・保険・不動産業	5824	0.08	0.28	484	0.07	0.26
業種ダミー：電気・ガス・水道・熱供給業	5824	0.04	0.19	484	0.02	0.14
業種ダミー：サービス業	5824	0.31	0.46	484	0.36	0.48
業種ダミー：公務	5824	0.17	0.37	484	0.07	0.25
職種ダミー：管理職	5824	0.01	0.08	484	0.00	0.00
職種ダミー：専門職	5824	0.01	0.10	484	0.01	0.06
職種ダミー：技術職・技能・作業職	5824	0.27	0.44	484	0.26	0.44
職種ダミー：教員	5824	0.11	0.31	484	0.05	0.21
職種ダミー：事務職	5824	0.45	0.50	484	0.36	0.48
職種ダミー：販売サービス職	5824	0.16	0.37	484	0.33	0.47
企業規模ダミー：100人以下	5824	0.36	0.48	484	0.57	0.50
企業規模ダミー：100-999人	5824	0.28	0.45	484	0.24	0.43
企業規模ダミー：1000人以上	5824	0.20	0.40	484	0.12	0.33
企業規模ダミー：官公庁	5824	0.17	0.38	484	0.07	0.26
結婚期間ダミー：5年以下	5824	0.63	0.48	484	0.60	0.49
結婚期間ダミー：6年以上10年未満	5824	0.13	0.34	484	0.15	0.36
結婚期間ダミー：11年以上	5824	0.24	0.43	484	0.25	0.43
5歳以下の子どもありダミー	5824	0.18	0.39	484	0.18	0.39
6-12歳の子どもありダミー	5824	0.24	0.43	484	0.29	0.45
子どもの数	5824	0.86	1.08	484	0.94	1.11
貯蓄額ダミー：200万円未満	5824	0.36	0.48	484	0.58	0.49
貯蓄額ダミー：200万円以上400万円未満	5824	0.25	0.43	484	0.24	0.42
貯蓄額ダミー：400万円以上	5824	0.35	0.48	484	0.16	0.37
持家ありダミー	5824	0.74	0.44	484	0.72	0.45
コーホートダミー：コーホートA	5824	0.63	0.48	484	0.55	0.50
コーホートダミー：コーホートB	5824	0.16	0.37	484	0.17	0.37
コーホートダミー：コーホートC	5824	0.17	0.38	484	0.22	0.42
コーホートダミー：コーホートD	5824	0.04	0.19	484	0.06	0.25
都市規模ダミー：政令市・特別区	5824	0.26	0.44	484	0.25	0.44
都市規模ダミー：その他の市	5824	0.56	0.50	484	0.58	0.49
都市規模ダミー：町村	5824	0.18	0.39	484	0.17	0.38

注1：表中の継続就業サンプルにおける「転職○年後時間当たり賃金率差分」「転職○年後対数時間当たり賃金率差分」は同時期における継続就業サンプルの値を示している。

注2：JPSC1993-JPSC2009から筆者作成．

図表 4.9 転職に関する Logit 分析（DID マッチングで使用）

被説明変数：1=雇用就業⇒転職
0=雇用就業⇒雇用就業

説明変数		男性 係数	女性 係数
学歴ダミー ref:中高卒	短大・高専卒	0.23 (0.19)	0.03 (0.12)
	大卒・大学院卒	0.51*** (0.17)	−0.01 (0.17)
	年齢	−0.20 (0.12)	0.11 (0.12)
	年齢の2乗項	0.00 (0.00)	−0.00 (0.00)
	勤続年数	−0.20*** (0.03)	−0.10*** (0.02)
	勤続年数の2乗項	0.01*** (0.00)	0.00** (0.00)
転職経験回数ダミー ref:0回	1回	0.88*** (0.20)	0.32** (0.16)
	2回以上	0.69*** (0.20)	0.49*** (0.12)
雇用形態ダミー ref:非正規雇用	正規雇用	−0.85** (0.40)	−1.23*** (0.13)
業種ダミー ref:製造業	農林業・漁業・水産業・鉱業	−0.49 (0.75)	0.36 (0.48)
	建設業	0.29 (0.22)	0.34 (0.28)
	卸売・小売業	0.25 (0.25)	0.53*** (0.17)
	金融・保険・不動産業	1.28*** (0.30)	0.68*** (0.24)
	電気・ガス・水道・熱供給業	0.26 (0.24)	
	サービス業	0.21 (0.22)	0.38** (0.16)
	公務	−0.13 (1.55)	−0.28 (0.77)
職種ダミー ref:事務職	管理職	−0.22 (0.40)	
	専門職	0.30 (0.64)	−0.38 (0.75)
	技術職・技能・作業職	0.42** (0.20)	−0.02 (0.13)
	教員	−0.76 (1.05)	−0.44* (0.25)
	販売サービス職	0.47* (0.25)	
企業規模ダミー ref:99人以下	100−999人	−0.64*** (0.16)	−0.38*** (0.13)
	1000人以上	−1.22*** (0.23)	−0.61*** (0.17)
	官公庁	−1.89 (1.54)	−0.03 (0.73)
結婚期間ダミー ref:5年以下	6年以上10年未満	−0.19 (0.21)	0.01 (0.21)
	11年以上	0.02 (0.33)	0.07 (0.25)
	5歳以下の子どもありダミー	0.08 (0.21)	−0.34* (0.19)
	6−12歳の子どもありダミー	−0.11 (0.21)	−0.25 (0.20)
	子どもの数	0.07 (0.12)	0.06 (0.10)
貯蓄額ダミー ref:200万円未満	200万円以上400万円未満	−0.08 (0.16)	−0.17 (0.12)
	400万円以上	−0.60*** (0.20)	−0.48*** (0.15)
	持家ありダミー	0.13 (0.15)	0.06 (0.12)
	コーホートダミー	Yes	Yes
	市郡規模ダミー	Yes	Yes
	年次ダミー	Yes	Yes
	定数項	2.44 (2.12)	−2.65 (2.08)
	推計手法	Logit	Logit
	対数尤度	−958.16	−1445.54
	サンプルサイズ	8832	6308

注1：（ ）内の値は標準誤差を示す．
注2：*** は1％水準，** は5％水準，* は10％水準で有意であることを示す．
注3：説明変数のうち，空欄になっている変数は，サンプルサイズが小さく，推計に使用できなかった場合を示している．
注4：JPSC1993-JPSC2009 から筆者作成．

第4章 日本における転職コストの再推計

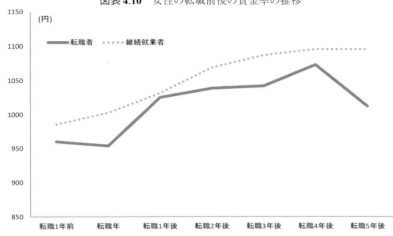

図表 4.10 女性の転職前後の賃金率の推移

注1：分析対象は59歳以下の女性であり，図中の折れ線は時間当たり賃金率の推移を示す．
注2：JPSC1993-JPSC2009 から筆者作成．

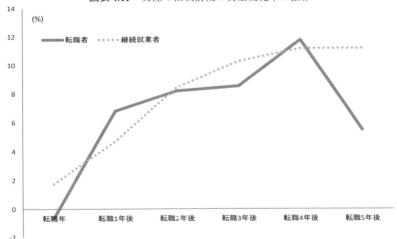

図表 4.11 女性の転職前後の賃金変化率の推移

注1：分析対象は59歳以下の女性であり，図中の折れ線は時間当たり賃金率の変化率の推移を示す．
注2：賃金変化率は転職1年前の時間当たり賃金率の平均値を基準に各年の変化率を計算している．
注3：JPSC1993-JPSC2009 から筆者作成．

77

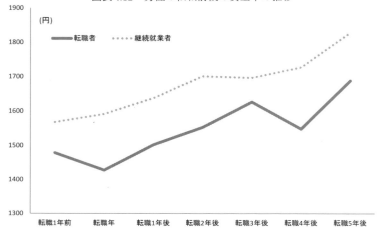

図表 4.12　男性の転職前後の賃金率の推移

注1：分析対象は59歳以下の男性であり，図中の折れ線は時間当たり賃金率の推移を示す．
注2：JPSC1993-JPSC2009 から筆者作成．

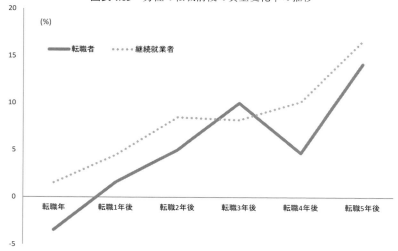

図表 4.13　男性の転職前後の賃金変化率の推移

注1：分析対象は59歳以下の男性であり，図中の折れ線は時間当たり賃金率の変化率の推移を示す．
注2：賃金変化率は転職1年前の時間当たり賃金率の平均値を基準に各年の変化率を計算している．
注3：JPSC1993-JPSC2009 から筆者作成．

と，女性の場合と同様に，転職後の賃金率は上昇傾向にあるが，一貫して転職時の賃金率のほうが継続就業時よりも低かった．また，図表4.13の男性の転職前後の時間当たり賃金変化率の推移をみると，転職3年後以外のすべての時点で継続就業した場合のほうが転職した場合よりも賃金変化率が高かった．これらの結果から，男性の場合，転職によって時間当たり賃金率の水準や変化率が継続就業した場合よりも高くなる傾向はあまりみられないといえる．

以上の分析結果から，次の2点が明らかになった．1点目は，女性の場合，転職後に賃金水準は継続就業した場合よりも低い傾向にあったが，賃金上昇率は継続就業時と同等か，もしくは大きい場合があった．2点目は，男性の場合，転職後の賃金水準，賃金上昇率とも継続就業した場合よりも低い傾向にあった．以上の結果から，男性，女性の両方とも転職によって必ずしも賃金が上昇しているわけではないといえる．次節ではDIDマッチング推計法を使用し，より詳細に転職が賃金率と賃金変化率に及ぼす影響を検証していく．

4.6.2　DIDマッチング推計法による推計結果

図表4.14はDIDマッチング法による推計結果である．男性の時間当たり賃金率の差分の結果をみると，いずれも有意な値を示していなかった．この結果は，転職後の時間当たり賃金率が継続就業時と差がみられないことを意味する．次に女性の時間当たり賃金率の差分の結果をみると，いずれの値も有意ではなかった．この結果は，男性と同様に，女性でも転職後に賃金水準に変化はみられないことを意味する．

次に男性の対数時間当たり賃金率の差分の結果をみていく．なお，これらの結果は対数値の差分となっているため，変化率として解釈できる．値をみると，転職年の値が負に有意となっていた．この結果は，転職年の賃金変化率が継続就業時よりも低下していることを意味する．しかし，転職1年後以降の値はいずれも有意ではなかったため，賃金変化率の低下は一時的なものだと考えられる．次に女性の対数時間当たり賃金率の差分の結果をみると，値はいずれも有意ではなかった．この結果は，転職後の賃金変化率が継続就

図表 4-14 転職が賃金率と賃金変化率に及ぼす影響に関する DID マッチング推計

Y:時間当たり賃金率の差分	男性 Nearest Neighbor Matching with a Caliper			女性 Nearest Neighbor Matching with a Caliper		
	ATT	N(トリートメント)	N(コントロール)	ATT	N(トリートメント)	N(コントロール)
転職年(t年)	-89.51 [59.78]	193	193	-11.02 [21.71]	422	422
転職1年後(t+1年)	-17.01 [68.38]	136	136	22.73 [31.08]	240	240
転職2年後(t+2年)	-52.23 [72.54]	110	110	28.68 [37.14]	188	188
転職3年後(t+3年)	79.37 [95.18]	86	86	-29.88 [45.65]	137	137
転職4年後(t+4年)	-64.52 [110.87]	63	63	56.17 [50.65]	107	107
転職5年後(t+5年)	-40.40 [129.72]	50	50	-0.59 [45.26]	82	82

Y:対数時間当たり賃金率の差分	男性 Nearest Neighbor Matching with a Caliper			女性 Nearest Neighbor Matching with a Caliper		
	ATT	N(トリートメント)	N(コントロール)	ATT	N(トリートメント)	N(コントロール)
転職年(t年)	-0.09** [0.04]	193	193	-0.03 [0.02]	422	422
転職1年後(t+1年)	-0.03 [0.04]	136	136	0.02 [0.03]	240	240
転職2年後(t+2年)	-0.04 [0.05]	110	110	0.03 [0.04]	188	188
転職3年後(t+3年)	0.00 [0.06]	86	86	-0.02 [0.04]	137	137
転職4年後(t+4年)	-0.07 [0.07]	63	63	0.04 [0.05]	107	107
転職5年後(t+5年)	-0.06 [0.07]	50	50	0.02 [0.05]	82	82

注1: [ ]内の値はブートストラッピング法によって算出した標準誤差を示す.
注2: *** は1%水準, ** は5%水準, * は10%水準で有意であることを示す.
注3: N(トリートメント)はトリートメントに属する観測値の数を, N(コントロール)は比較対象として推定に用いられたコントロールに属する観測値を示す.
注4: 表中のt年, t+1年, t+2年, t+3年, t+4年, t+5年の値は, 転職前年をt−1年, 転職経験時をt年とした場合の各時点を示している.
注5: 分析に使用している(対数)時間当たり賃金率の差分は, 各時点の年収から転職前年のt−1年の(対数)時間当たり賃金率を引くことで算出している.
注6: Nearest Neighbor Matching with a Caliperのrの値は, 0.01としている.
注7: JPSC1993-JPSC2009から筆者作成.

業時と差がみられないことを意味する.

　以上の結果をまとめると, 次の2点が明らかになった. 1点目は, 男性の場合, 転職後でも賃金水準や賃金変化率は継続就業時と明確な差がみられな

い傾向にあった．2点目は，女性の場合も男性と同様に，継続就業時と比較して転職しても賃金水準や賃金変化率に明確な差は確認できなかった．なお，以上の結果はマッチング方法をKernel MatchingやRadius Matchingに変更した場合でも大きな違いは見られなかった[36]．

以上の結果から明らかなとおり，転職は賃金に明確な影響を及ぼしていなかった．転職は自らの意思で行われる場合が多いため，賃金が上昇することが多いと予想されるが，必ずしもその傾向は確認できなかった．このような結果になった原因として，2つの可能性が考えられる．1つ目は，労働市場の需給状況の悪化によって，転職しても賃金が上昇しづらい傾向にあるというものである．今回の分析期間は「失われた20年」といわれる期間と一致しており，労働市場の需給状況も良好ではない時期が多い．このため，賃金面での労働条件の改善が達成されにくくなっている可能性がある．2つ目は，転職によって賃金以外の労働条件が改善しているというものである．岡本・照山（2010）は非金銭的な労働条件の改善によっても転職が誘発されると指摘している．労働者が転職する場合，職場環境等の非金銭的な労働条件の改善が見込まれるため，仮に賃金が上昇しなくても転職に踏み切っている可能性が考えられる．

4.7　追加検討事項：非金銭的要因と転職の関係

前節までの分析結果から，転職には非金銭的な労働条件も影響を及ぼしている可能性がある．そこで，本節では具体的にどのような非金銭的な労働条件が転職の意思決定に影響を及ぼすのかを検証する．使用データは第3章と同じく慶應義塾大学パネルデータ設計・解析センターの「慶應義塾家計パネル調査（以下，KHPS）」である．これまで使用していたJPSCでは非金銭的な労働条件に関する情報が得られないため，分析に使用できなかった．なお，今回の分析では非金銭的な労働条件が利用可能な2009年，2010年，2011年のKHPSデータを使用し，パネル分析を行う．分析対象は雇用就業で働く59歳以下の男女である．

---

[36] 詳細な推計結果は本章のAppendixを参照されたい．

具体的には次式の誘導形モデルを Pooled Probit と Random Effect Probit で推計する．

$$Z_{it}^* = S'_{it-1}\rho + R'_{it-1}\delta + \mu_i + \varepsilon_{it} \qquad (4.4)$$

ただし，i は個人，t は観察時点を示す．Z_{it} は転職ダミーを示し，$t-1$ 期から t 期にかけて転職した場合に 1，継続就業した場合に 0 となる．S_{it-1} は $t-1$ 期の非金銭的な労働条件を示すダミー変数である．非金銭的な労働条件のダミー変数は「休日や自宅で仕事をすることが多い」「仕事の責任・権限・裁量が大きい」「仕事でのミスが多い」「仕事の充実度・満足度は高い」「職場の上司との関係は良好である」「職場の同僚との関係は良好である」といった項目に「そう思う」「どちらかといえばそう思う」と回答した場合に 1，それ以外で 0 となる変数である．R_{it-1} は $t-1$ 期のその他の労働条件を示す変数となっており，年収，週平均労働時間，勤続年数，年齢，雇用形態ダミー，業種ダミー，職種ダミー，企業規模ダミー，都道府県別失業率，市郡規模ダミー，地域ブロックダミー，年次ダミーを使用している．ここでは R_{it-1} をコントロールして年収などのさまざまな労働条件が等しい場合において，非金銭的な労働条件が転職の意思決定にどのような影響を及ぼすのかを分析する．なお，説明変数はいずれも $t-1$ 期の値を使用し，転職前の労働条件が及ぼす影響について注目する．

図表4.15は Pooled Probit と Random Effect Probit による推計結果を示している．まず，非金銭的労働条件ダミーをみると，仕事での責任・権限・裁量が大きい場合が有意に正の符号を示していた．この結果は，仕事での責任・権限・裁量が大きいほど，転職しやすくなることを意味する．仕事での責任・権限・裁量が大きい場合，仕事からの満足度が高まり，転職しにくくなると予想されるが，逆の結果となっていた．この背景にはさまざまな要因が考えられるが，仕事の責任が重圧となり，逆に転職を促進するといった可能性が考えられる．この変数以外では，上司との人間関係は良好である場合が有意に負の符号を示していた．この結果は，職場の上司との関係は良好であるほど，転職しにくいことを意味している．逆をいえば，上司との人間関係が悪い労働者ほど転職しやすいといえる．このため，仮に賃金が上昇しなくても，

図表4.15　非金銭的要因が転職の意思決定に及ぼす影響

被説明変数：転職＝1、継続就業＝0

	説明変数	(A1) 係数	(A1) 限界効果	(A2) 係数	(A2) 限界効果
学歴ダミー ref:中高卒	男性ダミー	0.212* (0.119)	0.019* (0.011)	0.223* (0.128)	0.018* (0.011)
	短大・高専卒	−0.085 (0.109)	−0.008 (0.010)	−0.086 (0.117)	−0.007 (0.010)
	大卒・大学院卒	−0.202* (0.111)	−0.018* (0.010)	−0.209* (0.119)	−0.017* (0.010)
非金銭的労働条件ダミー	休日・自宅で仕事をすることが頻繁	0.108 (0.179)	0.010 (0.016)	0.107 (0.190)	0.009 (0.016)
	仕事での責任・権限・裁量が大きい	0.206* (0.115)	0.019* (0.011)	0.235* (0.125)	0.019* (0.010)
	仕事でのミスが多い	0.193 (0.202)	0.018 (0.018)	0.200 (0.214)	0.016 (0.017)
	仕事での充実度・満足度が高い	−0.116 (0.126)	−0.011 (0.012)	−0.121 (0.134)	−0.010 (0.011)
	上司との人間関係は良好	−0.315** (0.132)	−0.029** (0.012)	−0.332** (0.141)	−0.027** (0.012)
	同僚との人間関係は良好	0.048 (0.134)	0.004 (0.012)	0.050 (0.142)	0.004 (0.012)
	年収	−0.001*** (0.000)	−0.000*** (0.000)	−0.001*** (0.000)	−0.000*** (0.000)
	週平均労働時間	0.003 (0.003)	0.000 (0.000)	0.003 (0.003)	0.000 (0.000)
	勤続年数	−0.039*** (0.008)	−0.004*** (0.001)	−0.039*** (0.008)	−0.003*** (0.001)
	年齢	−0.013*** (0.005)	−0.001*** (0.000)	−0.014*** (0.005)	−0.001*** (0.000)
雇用形態ダミー ref:非正規雇用	正規雇用	−0.148 (0.120)	−0.014 (0.011)	−0.166 (0.129)	−0.014 (0.010)
業種ダミー ref:製造業	農業・漁業・林業・水産業	0.167 (0.489)	0.015 (0.045)	0.186 (0.518)	0.015 (0.042)
	建設業	0.326* (0.177)	0.030* (0.016)	0.343* (0.190)	0.028* (0.016)
	卸売・小売業	0.008 (0.164)	0.001 (0.015)	0.002 (0.174)	0.000 (0.014)
	金融・不動産業	0.272 (0.196)	0.025 (0.018)	0.276 (0.210)	0.023 (0.017)
	運輸・電気・ガス・水道・熱供給業	−0.047 (0.194)	−0.004 (0.018)	−0.048 (0.207)	−0.004 (0.017)
	医療・福祉・教育・学習支援業・その他	−0.026 (0.154)	−0.002 (0.014)	−0.039 (0.164)	−0.003 (0.013)
	公務	−0.247 (0.292)	−0.023 (0.027)	−0.280 (0.312)	−0.023 (0.025)
職種ダミー ref:事務職	農林漁業作業者	0.417 (0.571)	0.038 (0.052)	0.424 (0.605)	0.035 (0.049)
	販売・サービス職従事者	0.024 (0.126)	0.002 (0.012)	0.029 (0.134)	0.002 (0.011)
	管理職	0.424 (0.286)	0.039 (0.026)	0.447 (0.304)	0.036 (0.025)
	運輸・通信従事者	0.037 (0.234)	0.003 (0.021)	0.032 (0.250)	0.003 (0.020)
	製造・建築・保守・運搬などの作業者	−0.244 (0.157)	−0.022 (0.014)	−0.263 (0.168)	−0.021 (0.014)
	情報処理技術・専門的・技術的職業従事者	−0.056 (0.139)	−0.005 (0.013)	−0.062 (0.148)	−0.005 (0.012)
	保安職業従事者・その他	0.170 (0.259)	0.016 (0.024)	0.155 (0.279)	0.013 (0.023)
企業規模ダミー ref:99人以下	100–499人	−0.073 (0.101)	−0.007 (0.009)	−0.083 (0.107)	−0.007 (0.009)
	500人以上	−0.150 (0.106)	−0.014 (0.010)	−0.160 (0.113)	−0.013 (0.009)
	官公庁	−0.030 (0.290)	−0.003 (0.027)	−0.012 (0.309)	−0.001 (0.025)
	都道府県別失業率	0.066 (0.074)	0.006 (0.007)	0.073 (0.079)	0.006 (0.006)
	市郡規模ダミー	Yes	Yes	Yes	Yes
	地域ブロックダミー	Yes	Yes	Yes	Yes
	年次ダミー	Yes	Yes	Yes	Yes
	定数項	−0.501 (0.382)		−0.529 (0.409)	
	推計手法	Pooled Probit		Random Effect Probit	
	対数尤度	−621.490		−620.691	
	サンプルサイズ	3617		3617	

注1：（　）内の値は標準誤差を示す。
注2：***は1%水準，**は5%水準，*は10%水準で有意であることを示す。
注3：説明変数はいずれも1期前の値になっている。
注4：KHPS2009–KHPS2011から筆者推計。

上司との人間関係を改善するために転職に踏み切るといった可能性が考えられる．

これら以外の非金銭的労働条件の変数はいずれも有意ではなかったが，符号をみると，同僚との人間関係が良好の場合や仕事での充実度・満足度が高い場合が負の値を示し，それ以外はいずれも正の値を示していた．同僚との人間関係が良好であったり，仕事での充実度・満足度が高い場合だと転職しにくい可能性がある．また，休日・自宅で仕事をすることが頻繁であったり，仕事でのミスが多いほど，転職しやすい可能性がある．

非金銭的労働条件以外の変数で有意となった変数をみると，年収，勤続年数，年齢が有意に負の値を示していた．この結果は，年収が高いほど，勤続年数が長いほど，そして，年齢が高いほど転職しにくくなることを意味している．また，建設業ダミーが有意に正の値を示していた．この結果は，建設業で働く労働者ほど，転職しやすいことを意味する．

以上の結果をまとめると，非金銭的労働条件の中でも仕事での責任・権限・裁量や上司との人間関係が転職の意思決定に影響を及ぼすことがわかった．これらの変数の限界効果の大きさを比較すると，いずれの場合も上司との人間関係の係数の絶対値が大きかった．この結果は，上司との人間関係の方が仕事での責任・権限・裁量よりも転職の意思決定に大きな影響を及ぼすことを意味する．この結果から，労働者は特に良好な関係を築ける上司を求め，転職に踏み切っている可能性が考えられる．

4.8 結論

本章の目的は，主にJPSCを用い，転職が賃金に及ぼす影響を検証することであった．具体的には，Propensity Score Matching法を用いることで転職のセルフ・セレクションを考慮し，男女別に転職が賃金に及ぼす影響を検証した．この分析の結果，次の2点が明らかになった．

1点目は，転職と賃金の関係を分析した結果，男性，女性の両方ともほとんどの場合において，転職が時間当たり賃金率の水準や変化率に影響を及ぼしていなかった．

2点目は，賃金が変化しないのに転職する理由を明らかにするためにも非

金銭的な労働条件と転職行動について分析した結果，上司との人間関係が良好であるほど，転職が抑制される傾向にあった．この分析結果から，仮に賃金が上昇しなくても，上司との関係改善を求めて労働者は転職していると考えられる．

以上の分析結果から，労働者の転職の意思決定の背景には賃金だけでなく，非金銭的な要因が大きな影響を及ぼしている可能性が示唆された．上司や職場での人間関係を原因として転職するといった今回の分析結果は，多くの労働者の実感にあったものだと予想される．ただし，このような職場環境を原因とした転職は，必ずしも労働市場の需給状況を反映していない可能性があるため，労働市場全体として最適な資源配分の達成に寄与しているのかといった疑問が残る．より望ましいのは，労働の需給状況に応じて賃金が変動し，それがシグナルとなって労働移動が発生するといった経路であり，これが達成されているかどうかをさらに検証する必要があるだろう．

今回の結果は樋口（2001）と異なる点も多いが，この背景には（1）JPSCのデータ期間の違い[37]，（2）さまざまな個人属性およびセルフ・セレクションを考慮した推計手法の違い，といった点が影響を及ぼしているといえる．

最後に本論文に残された課題について述べておきたい．本章の分析で使用した男性サンプルは，既婚者のみに限定されていた．このため，必ずしも男性全体の状況を示していない恐れがある．この点については今後，別なデータを利用し，再度分析する必要があるだろう．

---

[37] 「雇用動向調査」を用いた厚生労働省の「転職入職者の賃金変動に関する状況」は，転職前の職が一般労働者である場合，2000～2011年の各年とも，賃金が減少する人の割合が雇用者全体より高くなっていると指摘している．このように今回使用したデータ期間だと樋口（2001）より転職後の労働条件が悪化する割合が拡大している傾向がある．

Appendix　Kernel Matching と Radius Matching を使用した推計

転職が賃金率と賃金変化率に及ぼす影響に関する DID マッチング推計

男性

Y：時間当たり賃金率の差分

	Kernel Matching			Radius Matching		
	ATT	N(トリートメント)	N(コントロール)	ATT	N(トリートメント)	N(コントロール)
転職年(t年)	-62.68 [39.98]	200	7557	-77.80* [44.57]	193	7557
転職1年後(t+1年)	-28.02 [45.03]	142	6557	-41.61 [50.17]	136	6557
転職2年後(t+2年)	-49.33 [56.85]	116	5720	-45.42 [59.40]	110	5720
転職3年後(t+3年)	19.56 [69.43]	92	4999	47.91 [76.58]	86	4999
転職4年後(t+4年)	-98.60 [67.77]	65	4326	-97.33 [69.19]	63	4326
転職5年後(t+5年)	-4.19 [79.21]	53	3716	3.36 [91.06]	50	3716

Y：対数時間当たり賃金率の差分

	Kernel Matching			Radius Matching		
	ATT	N(トリートメント)	N(コントロール)	ATT	N(トリートメント)	N(コントロール)
転職年(t年)	-0.06* [0.03]	200	7557	-0.08** [0.03]	193	7557
転職1年後(t+1年)	-0.02 [0.03]	142	6557	-0.03 [0.03]	136	6557
転職2年後(t+2年)	-0.03 [0.03]	116	5720	-0.04 [0.04]	110	5720
転職3年後(t+3年)	-0.01 [0.04]	92	4999	-0.00 [0.05]	86	4999
転職4年後(t+4年)	-0.07* [0.04]	65	4326	-0.08 [0.05]	63	4326
転職5年後(t+5年)	-0.01 [0.05]	53	3716	-0.03 [0.06]	50	3716

女性

Y：時間当たり賃金率の差分

	Kernel Matching			Radius Matching		
	ATT	N(トリートメント)	N(コントロール)	ATT	N(トリートメント)	N(コントロール)
転職年(t年)	-19.59 [16.97]	438	5438	-24.06 [17.59]	422	5438
転職1年後(t+1年)	12.61 [21.49]	248	4273	16.72 [24.13]	240	4273
転職2年後(t+2年)	25.55 [30.71]	193	3572	26.18 [31.40]	188	3572
転職3年後(t+3年)	-5.37 [29.74]	146	2998	-12.31 [39.61]	137	2998
転職4年後(t+4年)	47.11 [36.52]	112	2519	66.88 [44.30]	107	2519
転職5年後(t+5年)	22.56 [34.75]	87	2082	0.38 [45.06]	82	2082

Y：対数時間当たり賃金率の差分

	Kernel Matching			Radius Matching		
	ATT	N(トリートメント)	N(コントロール)	ATT	N(トリートメント)	N(コントロール)
転職年(t年)	-0.03* [0.02]	438	5437	-0.04* [0.02]	422	5437
転職1年後(t+1年)	0.01 [0.02]	248	4272	0.02 [0.02]	240	4272
転職2年後(t+2年)	0.02 [0.03]	193	3571	0.03 [0.03]	188	3571
転職3年後(t+3年)	0.00 [0.03]	146	2997	-0.01 [0.03]	137	2997
転職4年後(t+4年)	0.04 [0.04]	112	2518	0.04 [0.04]	107	2518
転職5年後(t+5年)	0.05 [0.04]	87	2081	0.02 [0.05]	82	2081

注1：［　］内の値はブートストラッピング法によって算出した標準誤差を示す．
注2：***は1％水準，**は5％水準，*は10％水準で有意であることを示す．
注3：N（トリートメント）はトリートメントに属する観測値の数を，N（コントロール）は比較対象として推定に用いられたコントロールに属する観測値を示す．
注4：表中のt年，t+1年，t+2年，t+3年，t+4年，t+5年の値は，転職前年をt−1年，転職経験時をt年とした場合の各時点を示している．
注5：分析に使用している（対数）時間当たり賃金率の差分は，各時点の年収から転職前年のt−1年の（対数）時間当たり賃金率を引くことで算出している．
注6：Radius Matching のrの値は，0.01としている．Kernel Matching のバンド幅は0.06としている．
注7：JPSC1993-JPSC2009から筆者作成．

第5章

若年時の失職経験がその後の年収，賃金率，労働時間に及ぼす影響[†]

要約

　本章の目的は，家計経済研究所の「消費生活に関するパネル調査」を用い，35歳以下の若年時における失職経験がその後の年収，時間当たり賃金率，年間労働時間に及ぼす影響を検証することである．Heckman, Ichimura and Todd (1997) のDIDマッチング法を用い，失職経験者と継続就業者の個人属性の差を考慮した分析の結果，男女両方とも失職4年後まで持続的な年収の低下を経験していることがわかった．この背景を分析した結果，失職年には労働時間の低下による影響が大きく，それ以降になると時間当たり賃金率の低下が大きな影響を及ぼしていた．この傾向は，Kletzer and Fairlie (2003) の分析結果とほぼ整合的である．以上の分析結果から，失職後の所得低下には賃金率の低下が影響を及ぼす期間が長いといえる．この背景として，わが国の労働市場の特徴を考慮すると，失職による人的資本の蓄積の遅れや教育訓練量の低下といった要因が大きな影響を及ぼしていると考えられる．

5.1　問題意識

　本章の目的は，「消費生活に関するパネル調査」を用い，若年時における失職経験が再就職後の所得，賃金率，労働時間といった労働条件に持続的な影響を及ぼすかどうかを検証することである．

　これまで第2章，第3章では転職行動について詳細に分析を行い，第4章では転職前後の賃金変化について分析を行ってきた．第4章の分析では転職

[†] 本章の作成にあたり公益財団法人家計経済研究所が実施した「消費生活に関するパネル調査」の個票データの提供を受けた．ここに記して感謝する次第である．

と賃金の関係を分析してきたが,本章では,その中でも特に若年時の非自発的理由による失職に注目し,その影響を分析していく.

バブル崩壊以降,わが国は「失われた20年」といわれるほどの長期不況を経験してきた.この長期不況は,わが国の労働市場の需給状況を急速に悪化させたが,そのなかでも特に若年労働市場に大きな影響を及ぼした.実際に「労働力調査」から15〜34歳の若年層の失業率の推移をみると,1990年には3.2%であったが,2000年には6.7%,そして2010年には7.1%にまで上昇している.このような若年労働市場の悪化を受け,その状況を把握するためにもわが国では精力的に研究が進められた.特に学卒時の景気が就職状況に及ぼす影響について数多くの分析がなされ,景気後退時に就職活動を行う学生ほど正規雇用での就職率が低いだけでなく,就職後の離職率も高いことが指摘されている(黒澤・玄田,2001; Kondo, 2007; Genda, Kondo and Ohta, 2010).

バブル崩壊以降の長期不況は,このような学卒時の労働市場の需給状況の悪化のみならず,若年時における会社の倒産や解雇といった非自発的な理由による失職の増加も引き起こした恐れがある.実際,「労働力調査」をみると,景気後退時に勤め先や事業の都合で失職する人が増加しており,2009年の景気後退時には15〜34歳の就業者から34万人ほど失職している.Kletzer and Fairlie(2003)でも指摘されているように,若年時の失職経験は,所得を大きく低下させるため,その影響は無視できない.この点に関して海外では研究の蓄積が進んでいるが,国内では実証分析があまりなされていない.しかし,太田(2010)で指摘されるように,若年層の雇用環境の悪化は,①人的資本の蓄積の阻害による経済成長率の鈍化,②貧困の連鎖の拡大,③少年犯罪率の上昇,④自殺リスクの上昇,⑤年金制度の維持の困難化,⑥晩婚化と少子化の促進といった点からわが国の経済社会に深刻な影響を及ぼすと考えられるため,その検証の必要性は高い.

そこで,本章では家計経済研究所の「消費生活に関するパネル調査(以下,JPSC)」を用い,35歳以下の若年時における失職経験がその後の年収などの労働条件に及ぼす影響を検証する.若年時における失職経験の影響を考える場合,中高齢層と比較すると蓄積した人的資本の喪失は小さいが,継続就業している労働者よりも人的資本の蓄積が遅れたり,企業内での教育訓練量が

第 5 章　若年時の失職経験がその後の年収，賃金率，労働時間に及ぼす影響

縮小する恐れがある．また，わが国では依然として長期雇用を前提としており，転職市場の規模が海外よりも小さいため，失職後に労働条件を下げないと再就職できない恐れがある．さらに，失職経験が負のシグナルとなり，その後の再就職活動を困難にする可能性も考えられ，この点からも労働条件が低下する恐れがある．これらの点を考慮すると，若年時における失職経験は所得を持続的に低下させると考えられる．実際に Kletzer and Fairlie（2003）の分析結果をみると，失職 4 年後時点でも男女ともに所得が持続的に低下する傾向にある．わが国でも同様の傾向がみられるかどうかを検証する．

先行研究と比較した際の本稿の特徴は，次の 2 点である．1 点目は，年収，時間当たり賃金率，年間労働時間といった 3 つの労働条件が失職後の数年間にわたってどのように変化したのかを分析している点である．時間当たり賃金率と年間労働時間も併せて分析することで，年収の変化がどちらの変化によって引き起こされたのかを明らかにする．失職がその後の労働条件に及ぼす影響については佐藤（2015）でも分析されているが，佐藤（2015）では年収のみを分析対象としているため，その変化の背景を詳細に検討できていない．

2 点目は，Propensity Score Matching 法を使用し，失職が年収，時間当たり賃金率，年間労働時間に及ぼす影響を検証している点である．近藤（2010）で指摘されているとおり，もともと所得水準が低く，不安定な職に就いている労働者ほど失職しやすい傾向がある．このため，この個人属性の違いをコントロールしないと失職の影響を過大に推計してしまう恐れがある．この問題を解決するために，本章では Propensity Score Matching 法を用い，失職を経験する労働者と個人属性が近いが，継続就業した労働者を比較対象として抽出し，それらの所得の差を分析する．なお，本稿では観察できない個人属性を考慮できる Difference in Differences（DID）マッチング推計法（Heckman, Ichimura and Todd 1997）を使用し，分析する．

本章の構成は次のとおりである．第 2 節では若年就業者を取り巻く労働市場の変化について簡単に確認する．第 3 節では先行研究を概観し，本稿の位置づけを確認する．第 4 節では使用データについて説明する．第 5 節では推計手法について述べていく．第 6 節では推計結果について述べ，最後の第 7

節では本章の結論について説明する．

5.2 若年就業者を取り巻く労働市場の変化

本節では政府統計や先行研究を参照しながら，若年就業者を取り巻く労働市場の状況について確認していく．具体的には (1) 学卒未就職者の推移，(2) 年齢別失業率の推移，(3) 年齢別就業率の推移，(4) 所得のジニ係数の変化，(5) 開業率，廃業率の推移をみていく．なお，若年就業に関する優れた研究として太田 (2010) があり，本節では太田 (2010) を参考にしている．

まず，図表 5.1 の (1) 学卒未就職者の推移から確認する．学卒未就職者とは総務省統計局「労働力調査」で「学校を卒業して仕事に就くために，新たに仕事を探し始めた者」と定義されている．わが国では就学中に卒業後の就職先を見つけるのが一般的であるため，学卒未就職者は就職活動に失敗した若年層の人数と解釈できる．

図表 5.1 の 15〜24 歳の学卒未就職者の推移をみると，1993 年から 2003 年まで大きく上昇していた．この期間はバブル崩壊以降の不況によって労働市場の需給状況が悪化した時期であったため，就職先を見つけられずに卒業を迎えた学生数が増加したと考えられる．2004 年以降になると景気回復とともに学卒未就職者数が減少したが，2009 年以降に再び上昇する傾向にある．この背景にはリーマン・ブラザーズの破綻による急速な不況が影響を及ぼしていると考えられる．

以上の結果から明らかなとおり，学卒未就職者数は各時点の景気状況から大きな影響を受ける．学卒時点で景気が悪ければ，学卒未就職者数が増加し，逆に学卒時点で景気が良ければ，学卒未就職者数が減少していた．この背景にはわが国の企業の雇用慣行が大きな影響を及ぼしていると考えられる．わが国では既存の従業員に対する雇用保障が強いため，たとえ景気が悪化しても簡単には従業員を解雇しにくい．このため，既存の従業員ではなく，新卒採用を中心に雇用調整が行われてきた．この結果，景気後退時に学卒未就職者が増加する傾向にある．特にバブル崩壊以降の長期不況下では企業の新卒採用が抑制され，仕事を見つけられない若年者が増加したと考えられる．この点に関して佐藤ほか (2013) は，景気後退時で企業の新卒需要が低下して

第5章　若年時の失職経験がその後の年収，賃金率，労働時間に及ぼす影響

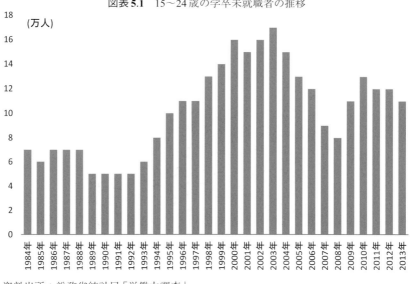

図表5.1　15～24歳の学卒未就職者の推移

資料出所：総務省統計局「労働力調査」．

いる場合，大学生の内々定数が低下するだけでなく，そもそも就職できない学生の割合が増加することを指摘している．

　次に図表5.2の (2) 年齢別失業率の推移をみていく．図表5.2から明らかなとおり，いずれの年齢層でも失業率が上昇しており，年齢が若い層ほど失業率の水準が高かった．もともと若年時は自分とマッチングの高い仕事を探す時期にあたるため，他の年齢層よりも仕事を辞めやすい傾向にあるが，景気後退の影響によって若年層の失業率が高まっていると考えられる．

　次に図表5.3，図表5.4の (3) 年齢別就業率の推移をみていく．図表5.3は男性の年齢階級別の就業率の推移を示し，図表5.4は女性の年齢階級別の就業率の推移を示している．これらの図をみると，男性のいずれの年齢層の就業率も低下傾向にある．これは，近年になるほど就業していない男性の割合が上昇していることを意味する．若年時における就業機会の逸失は，所得面のみならず，教育訓練量の低下を招くため，長期的な人的資本の形成を阻害する恐れがある．これに対して女性の場合，25～29歳，30～34歳の就業率

91

図表 5.2　15〜34 歳の失業率の推移

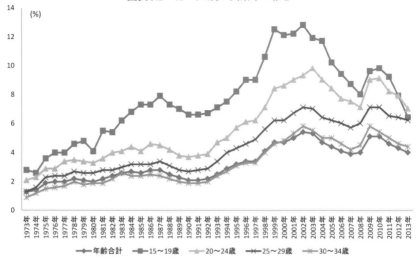

資料出所：総務省統計局「労働力調査」.

図表 5.3　20〜34 歳の就業率の推移（男性）　　図表 5.4　20〜34 歳の就業率の推移（女性）

注1：本資料は太田（2010）の p. 4 の図 1-3 を参考に作成している．
資料出所：総務省統計局「労働力調査」.

第5章 若年時の失職経験がその後の年収，賃金率，労働時間に及ぼす影響

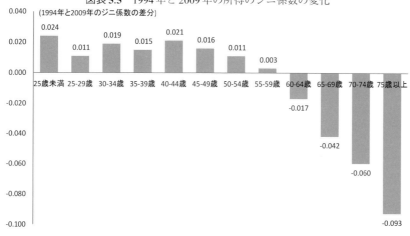

図表 5.5 1994 年と 2009 年の所得のジニ係数の変化

注1：横軸の年齢は，世帯主の年齢を示している．
注2：本資料は太田（2010）の p. 2 の図 1-1 を参考に作成している．
資料出所：総務省統計局「全国消費実態調査」．

が上昇していた．女性の場合，社会進出が進み，働く女性の割合が上昇していると考えられる．ただし，第2章の図表2.9，図表2.10でみたとおり，女性の非正規雇用就業者の割合が高いため，必ずしも十分な労働条件で就業していない可能性がある．また，厚生労働省の「能力開発基本調査」で指摘されているように，非正規雇用の場合，正規雇用と比較して十分な教育訓練を受けられないといった課題もある．

以上から明らかなとおり，若年者を取り巻く環境は厳しくなっている．この点について太田（2010）は総務省「就業構造基本調査」を用い，より詳細な分析を行っている．太田（2010）の分析の結果，1992年から2000年の間で中高卒の正規雇用者数が大きく減少するだけでなく，大卒でも専門的・技術的職業や事務職で働く就業者数が減少したことを明らかにした．また，大卒では賃金水準が低く，長時間労働者比率の高いサービス職の正規雇用者割合が大きく上昇したことを明らかにした．これらの結果から，太田（2010）は若年正規雇用者の労働条件の良い仕事が失われたと指摘している．

次に（4）所得のジニ係数の変化をみていく．図表5.5は1994年と2009年

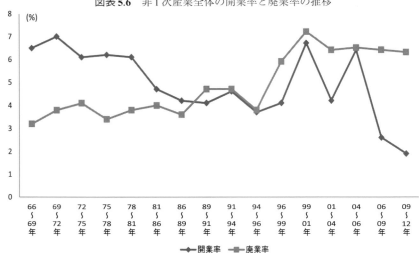

図表5.6　非1次産業全体の開業率と廃業率の推移

注1：図中の値は事業所ベースの年平均値となっている．
資料出所：総務省「事業所・企業統計調査」「平成21年経済センサス－基礎調査」，総務省・経済産業省「平成24年経済センサス－活動調査」．

の世帯主年齢別の所得のジニ係数の変化を示している．これをみると，最も高い値を示していたのが25歳未満であり，若中年層ほど所得格差が拡大する傾向にあった．おそらく，この背景には景気後退による労働市場の需給状況の悪化が大きな影響を及ぼしていると考えられる．これに対して，60歳以上の高齢層ほど所得格差が縮小していた．高齢層と比較して，若年層では世代内の所得格差が拡大しており，就業面だけでなく所得面でもより厳しい状況にあるといえる．

　最後に図表5.6の（5）開業率，廃業率をみていく．ここで開業率と廃業率に注目するのは，開廃業の動向が離転職といった労働移動と関連が深いためである．もし開業率が廃業率よりも高かった場合，新規事業所が純増するため，転職等による労働移動が促進される．これに対して廃業率が開業率よりも高かった場合，事業所数が純減するため，失業者が増加する恐れがある．実際に値の推移をみると，開業率は1990年代半ばまで低下し，その後上昇していた．これに対して廃業率の推移をみると，1996～1999年から上昇し

ており，開業率を超える値となっている．つまり，近年になるほど事業所数が減少する傾向にあり，労働者の失業確率が上昇しているといえる．実際，樋口（2001）は1990年代の事業所の開廃による雇用創出率と雇用喪失率の変化を検証しており，1990年代では雇用喪失率が雇用創出率を上回っており，雇用純減となっていたことを明らかにしている．この点からも近年の若年就業者を取り巻く環境が厳しくなっているといえる．

　以上，簡単に若年就業者を取り巻く労働市場の変化について確認してきた．これらの結果から，就業および所得の両面で若年就業者を取り巻く労働市場が悪化したといえる．この中でも本章では，特に企業倒産等の非自発的理由による失職が労働条件に及ぼす影響に注目し，分析を行っていく．

5.3　先行研究

　失職後，再就職しても労働者の所得等の労働条件が低下する背景としてJacobson, Lalonde and Sullivan（1993）は次の3つの理由を指摘している．1つ目は，失職による人的資本，特に企業特殊的人的資本の喪失である．2つ目は，労働組合，産業，企業規模といった属性に起因する賃金プレミアムの喪失である．3つ目は，失職による勤続年数のリセットである．これらが原因となって失職後，持続的な所得低下を経験する．なお，若年層の場合，勤続年数が短いため，これらの3つの原因よりも，失職によってOJTやOFF-JTを経験できなくなり，人的資本の蓄積が阻害されるといった要因が影響を及ぼすと考えられる．また，Kletzer and Fairlie（2003）で指摘されているように，失職経験が負のシグナルとなり，再就職を困難にするといった経路でも影響を及ぼすと考えられる．

　この失職が及ぼす影響について海外では数多くの研究蓄積がある．その嚆矢となったのがJacobson, Lalonde and Sullivan（1993）である．この研究ではペンシルベニア州の行政データを用い，分析を行っている．分析の結果，労働者は失職6年後でも25%の所得低下を経験することを明らかにした．また，Couch and Placzek（2010）は，コネチカット州の行政データを使用している．分析の結果，労働者は失職6年後でも13～15%の所得低下を経験することを明らかにした．本稿と同様に若年層に注目した研究だとKletzer and Fairlie

(2003) がある．この研究は National Longitudinal Survey of Youths（NLSY）を用い，若年時における失職が年収，時間当たり賃金率，年間労働時間に及ぼす影響を分析している．分析の結果，男女とも失職後に所得，賃金率が持続的に低下していることがわかった．しかし，労働時間の場合，男性だと失職1年後のみが有意に低下していたが，女性では失職1年後から3年まで有意に低下していた．

　以上の海外の研究から明らかなとおり，失職は長期的な所得低下を引き起こす．それではわが国における失職は所得にどのような影響を及ぼしているのだろうか．この点に関する研究に大橋・中村（2002），勇上（2005），佐藤（2015）がある．大橋・中村（2002）は連合総合生活開発研究所の「勤労者のキャリア形成の実態と意識に関する調査」を用い，倒産や解雇によって離職した場合，求職活動期間が短縮するため，マッチングの良い企業に再就職することが難しくなると指摘している．また，勇上（2005）は労働政策研究・研修機構の「求職活動に関する調査」を用い，倒産・廃業による離職者と自発的離職者，希望退職者の賃金変化の違いを検証している．勇上（2005）は，倒産・廃業といった外生的なショックによる離職者を比較対象に選択しているという点に特徴がある．この分析の結果，男性の場合，自発的離職，希望退職，解雇といった理由で離職しても，倒産・廃業による離職者と賃金に違いがみられないことがわかった．これに対して女性の場合，自発的離職だと倒産・廃業による離職者よりも賃金が高くなる傾向にあった．なお，勇上（2005）は，再就職までの期間分析も行っており，倒産・廃業によって離職した労働者と比較して，自主的な理由で離職した労働者ほど再就職が遅れることを明らかにしている．佐藤（2015）は，「慶應義塾家計パネル調査（KHPS）」を用い，失職後3年以内の所得の変化を検証している．この分析の結果，(1)男女とも失職後に持続的な所得低下を経験する，(2)男性の場合，若年層よりも，中高齢層のほうが失職による所得低下額が大きい，(3)女性の場合，若年層と中高齢層で所得低下額に大きな違いがないが，中高齢層の所得低下のほうが持続的である，といった3点を明らかにした．この研究はPropensity Score Matching 法を用いており，本稿と問題意識や推計手法が近いが，次の4点において本稿と違いがある．1点目は，所得の計測方法である．

佐藤（2015）では失業者の場合も所得を0とし，分析対象としているが，本稿では失業者は分析対象から除外している．これは，Kletzer and Fairlie（2003）などの海外の研究と推計結果を比較できるようにするためである．2点目は，使用する労働条件の指標である．佐藤（2015）では所得のみを分析対象としているが，本稿では所得に加えて，時間当たり賃金率と年間労働時間も併せて分析している．この場合，年収の変化の原因をより詳細に分析できるという利点がある．3点目は，分析データである．佐藤（2015）では「慶應義塾家計パネル調査（KHPS）」を使用しているが，本稿ではJPSCを使用している．JPSCの場合，より失職経験サンプルが多いという利点がある．4点目は，分析期間である．佐藤（2015）では2004年から2012年までを分析期間としているが，本稿では1993年から2009年までとより幅広い分析期間となっている．

これ以外に若年時の転職経験がその後の賃金率に及ぼす影響を分析した研究に戸田・馬（2004）がある．この研究は「慶應義塾家計パネル調査（KHPS）」の就業履歴データを用いており，初職についてから5年以内に転職すると，賃金率が有意に高まることを明らかにした．ただし，戸田・馬（2004）では「慶應義塾家計パネル調査（KHPS）」の初年度データのみを使用しているため，クロスセクション分析であるといった課題や転職の理由別に分析を行っていないといった課題が残っている．

以上，国内，海外の先行研究を簡単に概観したが，国内の研究ではクロスセクションデータを用いた研究が多く，失職がどの程度持続的に所得に影響を及ぼすのか明らかになっていない．また，若年に注目した研究は少なく，この点においても研究の蓄積が望まれる．そこで，本章ではこれらの点を考慮したうえで失職が所得等に及ぼす影響を検証する．

5.4 データ

使用データは第4章と同じくJPSCである．本章でも第17回目調査の2009年までを使用し，分析を行っていく．以下では1993年から2009年までのデータをJPSC1993-JPSC2009と呼ぶ．このJPSCの調査対象は女性であり，男性のデータは調査対象者に配偶者がいる場合のみ利用可能となっている．本稿

の分析ではこの男性も分析対象サンプルとして活用する[38].

　分析対象は35歳以下の男性，女性であり，失職を経験したサンプルと継続就業しているサンプルに分けられる．前者の失職経験サンプルは，失職1年前に雇用就業についており，失職後に雇用就業に再就職したサンプルとなっている[39]．後者の継続就業サンプルは，パネル期間中に一度も失職を経験しなかった継続雇用就業したサンプルとなっている[40]．分析では継続就業サンプルと比較して，失職経験サンプルの所得，時間当たり賃金率，労働時間がどのように変化するのかを検証する．なお，自営業や家族従業者は雇用就業者と所得の決定方法が異なると考えられるため，分析対象から除外した．また，官公庁に勤務している労働者もわが国ではほとんどの場合，失職を経験しないため，分析対象から除外した．

5.5　推計手法

　失職が所得等の労働条件に及ぼす影響を検証する場合，注意すべき点は，いかに失職経験者と個人属性の近い継続就業者を抽出し，分析の比較対象とするのかといった点である．この点に対して，先行研究では分析対象のサンプルに制約条件を課すことで個人属性の違いをコントロールするといった方法がとられてきた（Jacobson, Lalonde and Sullivan, 1993）．また，近年ではPropensity Score Matching法を用い，統計的手法によって失職経験者と継続就業者の個人属性の違いをコントロールするといった方法も使用されるようになってきている（Couch and Placzek, 2010）．本稿ではCouch and Placzek (2010) に倣い，Propensity Score Matching法を用いる．以下ではPropensity Score Matching法によるATT（Average Treatment effect on the Treated）の推計

---

[38] 第4章と同じく，男性は既婚者のみのサンプルに限定されるため，サンプルセレクション・バイアスが発生する恐れがある．このため，推計結果の解釈の際には注意が必要となる．

[39] ここでの失職は，「人員整理・会社解散・倒産」または「解雇」によって仕事を辞めた場合のことをさしている．

[40] ここでの継続就業は，前回の調査と同じ企業に継続して務めていた場合のことをさしている．

方法について説明する[41].

失職が年収，賃金率，労働時間に影響を及ぼす場合，ATTは次式のとおりとなる．

$$\text{ATT} = E(Y_1 - Y_0 | D=1) = E(Y_1 | D=1) - E(Y_0 | D=1) \qquad (5.1)$$

(5.1) 式のうち，Y_i は年収，賃金率，労働時間を示し，i は 1，もしくは 0 の値をとる．Y_1 は非自発的な理由によって失職した場合の値を示し，Y_0 は継続就業した場合の値を示している．D は失職，継続就業の状況を示し，雇用就業から失職した場合に 1（トリートメント・グループ），継続雇用就業している場合に 0（コントロール・グループ）となる．

第4章でも説明したように，(5.1) 式のうち $E(Y_0|D=1)$ は，実際には失職したものが就業継続した場合の値となっているため，観測することができない．この課題を解決するために，ここでは Propensity Score Matching 法を用い，$E(Y_0|D=1)$ を観測可能な $E(Y_0|D=0)$ で代替する．Propensity Score Matching 法ではさまざまな個人属性 X を用いて失職確率（$Pr(D=1|X) = P(X)$）を算出し，その失職確率が近いトリートメント・グループとコントロール・グループのサンプルをマッチングさせることで，$E(Y_0|D=1)$ を $E(Y_0|D=0)$ で代替可能とする．

Propensity Score によってマッチングされたサンプルを用いた ATT は次式で示され，この推計量はクロスセクション・マッチング推計量と呼ばれる．

$$\text{ATT}_{CS} = \frac{1}{n_1} \sum_{i=1\{D_i=1\}}^{n_1} \left[Y_{1i} - \sum_{j=1\{D_i=0\}}^{n_0} W(i,j) Y_{0j} \right] \qquad (5.2)$$

ただし，n_1 は失職を経験した労働者の標本数，n_0 は失職を経験せず，継続就業していた労働者の標本数を示す．また，$W(i,j)$ は Propensity Score に基づく継続就業者サンプルへのウェイトであり，$\sum_j W(i,j) = 1$ となる．

(5.2) 式で推計される ATT は，観察可能な個人属性以外の要因が失職の決

---

[41] 第4章と同様に，Propensity Score Matching 法の説明に関する記述は，佐藤（2013b）に基づいている．

定に影響を及ぼしている場合，一致性をもたなくなるという欠点がある．この課題を解決するためにも，ここではDIDマッチング推計法を使用する．この場合，ATTは次式のとおりとなる．

$$\mathrm{ATT}_{DID} = \frac{1}{n_{1t}} \sum_{i=1\{D_i=1\}}^{n_{1t}} \left[Y_{1ti} - \sum_{j=1\{D_i=0\}}^{n_{0t}} W(i,j) Y_{0tj} \right]$$

$$- \frac{1}{n_{1s}} \sum_{i=1\{D_i=1\}}^{n_{1s}} \left[Y_{1si} - \sum_{j=1\{D_i=0\}}^{n_{s0}} W(i,j) Y_{0sj} \right] \quad (5.3)$$

ただし，tは雇用就業から失職へ移行した後の時点，sは失職する以前の時点を示しており，n_{1t}とn_{1s}は各時点の失職を経験した標本数を示している．

本稿では (5.3) 式のDIDマッチング法を用い，推計を行っていく．なお，推計ではコモン・サポート内においてマッチングを行っている．また，Dehejia and Wahba（1999, 2002）によるBalancing Propertyに基づく検定を推計に使用した個人属性Xについて実施したが，いずれも棄却されなかった．さらに，今回の分析のマッチング方法としてNearest Neighbor MatchingとKernel Matchingを使用する．推計では標準誤差をブートストラッピング法によって算出しており，反復回数を300回とする．また，いずれのマッチング方法でも同一年におけるトリートメント・グループとコントロール・グループをマッチングしている．

Y_iには消費者物価指数を用い実質化した仕事からの年収，時間当たり賃金率と年間労働時間を用いる[42]．海外のJacobson, Lalonde and Sullivan（1993）やKletzer and Fairlie（2003）などの先行研究と同様にいずれの変数も0よりも大きい値をとっていた場合のみ分析に使用している．今回のDIDマッチング推計法では，失職前年の時点（$t-1$年）の値を基準として，失職年（t年），失職1年後（$t+1$年），失職2年後（$t+2$年），失職3年後（$t+3$年），失職4年後（$t+4$年）の差分の値を分析に使用する．このように失職後の数年間にわたって変化を分析するのは，失職の長期的な影響を検証するためである．Dは，雇用就業から失職を経験した場合に1，継続雇用就業の場合に0となる

---

[42] 年間労働時間は週労働時間×（1年間の勤務日数÷7）で算出している．

ダミー変数である．なお，今回の分析ではパネル期間中の2回目以降の失職を分析対象外としている．これは，2回目以降の失職は，初回の失職が所得に及ぼす影響と違いがあると考えられるためである[43]．

Propensity Scoreの推計に用いる個人属性Xには学歴ダミー，有配偶ダミー（男性の場合は結婚期間ダミー）[44]，5歳以下の子どもありダミー，6～12歳の子どもありダミー，子どもの数，勤続年数とその2乗項，年齢とその2乗項，雇用形態ダミー，業種ダミー，職種ダミー，企業規模ダミー，市郡規模ダミー，コーホートダミー，年次ダミーを使用している．いずれの変数も1期前の値を使用しており，Propensity Scoreの推計にはLogitモデルを使用している．

今回はサンプルを男性，女性に分けて推計する．男女別にサンプルを分割するのは性別によって労働条件が大きく異なるため，失職が及ぼす影響も男女によって異なると考えられるためである．なお，推計に使用した変数の基本統計量は図表5.7，図表5.8に掲載してある．

5.6 推計結果

5.6.1 記述統計からみた失職後の労働条件の変化

本節では推計に移る前に失職が労働条件に及ぼす影響を記述統計から検証する．まず図表5.9の失職前後における年収の変化をみると，男性の場合，失職2年前から徐々に所得が低下し，失職年に最も落ち込んでいた．その後，順調に回復し，失職3年後以降になると失職前よりも所得が高い水準となっていた．これに対して女性の場合，失職2年前から徐々に所得が低下する傾向を示していたが，最も所得が低下したのは失職1年後であった．その後，徐々に所得が回復するが，男性とは違って失職前の所得水準を超えるまでには至らなかった．これらの結果から，男女とも失職後に順調に所得が回復する傾向にあるものの，男性ほど改善幅が大きいといえる．

次に図表5.10の失職前後における時間当たり賃金率の変化をみると，男性の場合，失職年までは低下傾向にあるものの，その後順調に上昇し，失職

---

[43] Kletzer and Fairlie（2003）も同様に調査期間中の初回の失職のみを分析対象としている．

[44] 男性の場合，すべて有配偶者となるため，結婚期間ダミーを分析に使用した．

図表 5.7　基本統計量（男性）

変数	男性					
	失職経験サンプル			就業継続サンプル		
	サンプルサイズ	平均値	標準偏差	サンプルサイズ	平均値	標準偏差
失職年年収差分	50	-48.24	98.05	3829	18.22	83.83
失職1年後年収差分	42	-34.87	96.90	3340	33.30	95.32
失職2年後年収差分	40	-2.26	131.04	2980	47.90	112.15
失職3年後年収差分	33	-2.18	117.92	2667	60.41	117.11
失職4年後年収差分	31	30.71	116.73	2381	75.23	129.88
失職年時間当たり賃金率差分	35	-30.83	564.06	3569	42.53	415.48
失職1年後時間当たり賃金率差分	38	-117.71	468.05	3058	88.83	427.38
失職2年後時間当たり賃金率差分	33	71.30	600.02	2712	136.71	452.59
失職3年後時間当たり賃金率差分	29	-18.19	512.80	2422	179.00	466.62
失職4年後時間当たり賃金率差分	29	28.96	467.08	2126	211.15	490.55
失職年年間労働時間差分	40	-421.98	704.67	3688	14.09	472.69
失職1年後年間労働時間差分	40	85.63	705.92	3175	4.61	490.77
失職2年後年間労働時間差分	37	-4.40	642.23	2821	1.67	523.01
失職3年後年間労働時間差分	34	146.48	712.88	2533	-2.09	528.01
失職4年後年間労働時間差分	32	119.35	658.84	2233	5.03	543.71
学歴ダミー：中高卒	59	0.49	0.50	4211	0.48	0.50
学歴ダミー：専門・短大卒	59	0.27	0.45	4211	0.19	0.39
学歴ダミー：大卒	59	0.24	0.43	4211	0.33	0.47
結婚期間ダミー：5年以下	59	0.64	0.48	4211	0.56	0.50
結婚期間ダミー：6年以上10年未満	59	0.29	0.46	4211	0.37	0.48
結婚期間ダミー：11年以上	59	0.07	0.25	4211	0.06	0.24
5歳以下の子どもありダミー	59	0.78	0.42	4211	0.70	0.46
6-12歳の子どもありダミー	59	0.34	0.48	4211	0.26	0.44
子どもの数	59	1.47	0.95	4211	1.36	0.94
勤続年数	59	4.78	4.58	4211	6.42	4.34
勤続年数の2乗	59	43.42	64.32	4211	60.03	65.98
年齢	59	30.63	2.86	4211	30.59	2.60
年齢の2乗項	59	946.05	169.42	4211	942.47	155.27
雇用形態ダミー：正規雇用	59	0.92	0.28	4211	0.98	0.13
雇用形態ダミー：非正規雇用	59	0.08	0.28	4211	0.02	0.13
業種ダミー：農業・漁業・鉱業	59	0.00	0.00	4211	0.01	0.11
業種ダミー：建設業	59	0.10	0.30	4211	0.16	0.37
業種ダミー：製造業	59	0.29	0.46	4211	0.32	0.47
業種ダミー：卸売・小売業	59	0.24	0.43	4211	0.14	0.34
業種ダミー：金融・保険・不動産業	59	0.10	0.30	4211	0.06	0.24
業種ダミー：電気・ガス・水道・熱供給業	59	0.14	0.35	4211	0.15	0.36
業種ダミー：サービス業	59	0.14	0.35	4211	0.15	0.36
職種ダミー：管理職	59	0.03	0.18	4211	0.02	0.14
職種ダミー：専門職	59	0.00	0.00	4211	0.01	0.09
職種ダミー：技術職・技能・作業職	59	0.56	0.50	4211	0.60	0.49
職種ダミー：教員	59	0.00	0.00	4211	0.00	0.03
職種ダミー：事務職	59	0.17	0.38	4211	0.26	0.44
職種ダミー：販売サービス職	59	0.24	0.43	4211	0.11	0.31
企業規模ダミー：100人以下	59	0.69	0.46	4211	0.41	0.49
企業規模ダミー：100-999人	59	0.22	0.42	4211	0.34	0.47
企業規模ダミー：1000人以上	59	0.08	0.28	4211	0.25	0.43
都市規模ダミー：政令市・特別区	59	0.24	0.43	4211	0.24	0.43
都市規模ダミー：その他の市	59	0.59	0.50	4211	0.58	0.49
都市規模ダミー：町村	59	0.17	0.38	4211	0.18	0.38

注1：表中の継続就業サンプルにおける「失職〇年後年収差分」「失職〇年後時間当たり賃金率差分」「失職〇年後年間労働時間差分」は同時期における継続就業サンプルの値を示している．

注2：JPSC1993-JPSC2009から筆者作成．

第5章 若年時の失職経験がその後の年収，賃金率，労働時間に及ぼす影響

図表5.8 基本統計量（女性）

変数	女性					
	失職経験サンプル			就業継続サンプル		
	サンプルサイズ	平均値	標準偏差	サンプルサイズ	平均値	標準偏差
失職年年収差分	114	-8.63	62.85	4439	12.88	63.80
失職1年後年収差分	66	-16.29	86.76	3649	19.35	75.61
失職2年後年収差分	63	-18.97	92.40	3060	20.31	92.16
失職3年後年収差分	52	-9.27	90.89	2574	24.96	102.13
失職4年後年収差分	43	-0.47	89.79	2163	30.44	107.28
失職年時間当たり賃金率差分	79	-25.33	408.76	4544	31.85	261.88
失職1年後時間当たり賃金率差分	64	-20.54	397.22	3456	62.14	284.59
失職2年後時間当たり賃金率差分	59	-39.66	489.68	2909	86.12	316.62
失職3年後時間当たり賃金率差分	52	-30.93	557.36	2474	114.06	330.90
失職4年後時間当たり賃金率差分	41	56.66	541.80	2100	132.77	354.15
失職年年間労働時間差分	77	-200.75	660.87	4720	26.68	434.57
失職1年後年間労働時間差分	64	-89.47	736.63	3597	19.00	468.68
失職2年後年間労働時間差分	60	-60.31	637.05	3040	-0.29	520.14
失職3年後年間労働時間差分	53	19.40	675.05	2584	-5.58	538.98
失職4年後年間労働時間差分	44	73.12	673.08	2198	5.03	558.88
学歴ダミー：中高卒	138	0.49	0.50	4935	0.36	0.48
学歴ダミー：専門・短大卒	138	0.33	0.47	4935	0.44	0.50
学歴ダミー：大卒	138	0.18	0.39	4935	0.20	0.40
有配偶ダミー	138	0.44	0.50	4935	0.39	0.49
5歳以下の子どもありダミー	138	0.21	0.41	4935	0.20	0.40
6-12歳の子どもありダミー	138	0.22	0.41	4935	0.15	0.36
子どもの数	138	0.68	1.03	4935	0.58	0.93
勤続年数	138	6.75	3.88	4935	7.32	6.00
勤続年数の2乗	138	60.58	60.08	4935	89.58	489.98
年齢	138	29.44	2.77	4935	29.25	2.90
年齢の2乗項	138	874.47	163.00	4935	863.91	169.54
雇用形態ダミー：正規雇用	138	0.43	0.50	4935	0.69	0.46
雇用形態ダミー：非正規雇用	138	0.57	0.50	4935	0.31	0.46
業種ダミー：農業・漁業・鉱業	138	0.02	0.15	4935	0.01	0.10
業種ダミー：建設業	138	0.04	0.20	4935	0.05	0.21
業種ダミー：製造業	138	0.22	0.41	4935	0.19	0.39
業種ダミー：卸売・小売業	138	0.25	0.43	4935	0.22	0.41
業種ダミー：金融・保険・不動産業	138	0.09	0.29	4935	0.10	0.30
業種ダミー：電気・ガス・水道・熱供給業	138	0.02	0.15	4935	0.05	0.21
業種ダミー：サービス業	138	0.36	0.48	4935	0.39	0.49
職種ダミー：管理職	138	0.01	0.09	4935	0.00	0.03
職種ダミー：専門職	138	0.00	0.00	4935	0.01	0.11
職種ダミー：技術職・技能・作業職	138	0.24	0.43	4935	0.27	0.44
職種ダミー：教員	138	0.00	0.00	4935	0.05	0.21
職種ダミー：事務職	138	0.41	0.49	4935	0.45	0.50
職種ダミー：販売サービス職	138	0.35	0.48	4935	0.22	0.41
企業規模ダミー：100人以下	138	0.69	0.46	4935	0.44	0.50
企業規模ダミー：100-999人	138	0.22	0.41	4935	0.34	0.47
企業規模ダミー：1000人以上	138	0.09	0.29	4935	0.22	0.41
都市規模ダミー：政令市・特別区	138	0.25	0.43	4935	0.28	0.45
都市規模ダミー：その他の市	138	0.66	0.48	4935	0.56	0.50
都市規模ダミー：町村	138	0.09	0.29	4935	0.16	0.37

注1：表中の継続就業サンプルにおける「失職○年後年収差分」「失職○年後時間当たり賃金率差分」「失職○年後年間労働時間差分」は同時期における継続就業サンプルの値を示している。

注2：JPSC1993-JPSC2009から筆者作成。

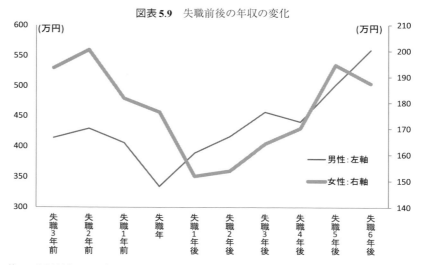

図表 5.9　失職前後の年収の変化

注1：分析対象は35歳以下の雇用就業で働く男性および女性である．
注2：JPSC1993-JPSC2009から筆者作成．

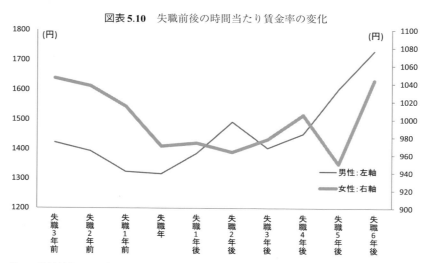

図表 5.10　失職前後の時間当たり賃金率の変化

注1：分析対象は35歳以下の雇用就業で働く男性および女性である．
注2：JPSC1993-JPSC2009から筆者作成．

第5章　若年時の失職経験がその後の年収，賃金率，労働時間に及ぼす影響

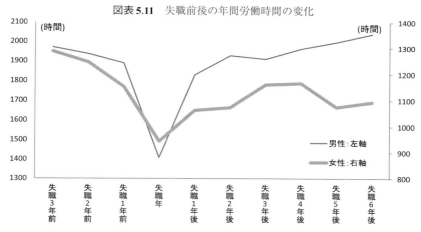

図表5.11　失職前後の年間労働時間の変化

注1：分析対象は35歳以下の雇用就業で働く男性および女性である．
注2：JPSC1993-JPSC2009から筆者作成．

2年後以降は失職前よりも賃金率が高くなっていた．これに対して女性の場合，失職年まで賃金率が徐々に低下する傾向にあったが，失職後になると緩やかに賃金率が回復する傾向を示していた．このような傾向はKletzer and Fairlie（2003）でも確認されており，若年時における失職はその後の賃金率を大きく抑制するわけではないと考えられる．

次に図表5.11の失職前後における年間労働時間の変化をみると，男性の場合，失職年に大きく落ち込むが，その後急速に回復し，失職4年後以降になると失職前より労働時間が長くなっていた．これに対して女性の場合，男性と同様に失職年に大きく落ち込み，その後徐々に回復する傾向にあった．ただし，失職前よりも労働時間は低い水準となっていた．

以上の結果をまとめると，男女とも失職経験後に年収，賃金率，労働時間が徐々に回復していたが，男性のほうが順調に回復する傾向にあった．これらの結果から，失職による労働条件の悪化は小さいと考えることもできるが，失職の影響を適切に検証するには失職経験者が失職しなかった場合の値と比較する必要がある．もし失職せずに継続就業していた労働者の年収，賃金率，労働時間が向上していた場合，失職経験者と継続就業者との間には差

が発生すると考えられる．この点については次項の Propensity Score Matching 法の結果から確認していく．

5.6.2 DID マッチング法による推計結果

図表 5.12 は，男女別の失職に関する Logit モデルの推計結果である．分析対象は t−1 期で雇用就業についていた 35 歳以下の男女であり，t 期に失職を経験するかどうかを決定している．この Logit モデルの推計によって得られた Propensity Score を用い，DID マッチング法による ATT を算出した結果が図表 5.13 である．

図表 5.13 の男性の年収の結果をみると，Nearest Neighbor Matching では失職年のみ負に有意であったが，Kernel Matching では失職年から失職 4 年後まで継続して負に有意な値を示していた．次に女性の年収の結果をみると，Nearest Neighbor Matching では失職年から失職 2 年後まで負に有意であったが，Kernel Matching では男性と同様に失職年から失職 4 年後まで継続して負に有意な値を示していた．これらの結果は，男女両方において若年時における失職経験が持続的な所得低下を引き起こすことを示している．図表 5.9 では失職後に年収が回復する傾向にあったが，失職せずに継続就業した場合の値と比較すると，年収に差が発生しているといえる．また，所得低下幅に注目すると，男性では失職 4 年後時点でも 43 万円ほど，女性では 29 万円ほど継続就業者より低くなっており，その経済的損失は小さくないといえる．それではこの所得低下は，賃金率と労働時間のどちらの低下が原因となっているのだろうか．この点を確認するために，次に失職後の賃金率と労働時間の変化を検証する．

まず男性の賃金率の変化をみると，Nearest Neighbor Matching では失職 1 年後のみ負に有意であったが，Kernel Matching では失職 1 年後，失職 3 年後，失職 4 年後の時点に負に有意な値を示していた．次に女性の賃金率の結果をみると，Nearest Neighbor Matching では失職 1 年後と失職 3 年後の時点に負に有意であったが，Kernel Matching では失職 2 年後，失職 3 年後の時点に負に有意な値を示していた．これらの結果から，男性の場合，失職 1 年後，3 年後，4 年後において賃金率が低下する傾向があり，それが所得低下の要因となっ

第5章　若年時の失職経験がその後の年収，賃金率，労働時間に及ぼす影響

図表5.12　失職に関するLogit分析（DIDマッチングで使用）

被説明変数:1=雇用就業⇒失職 0=雇用就業⇒雇用就業 説明変数		男性		女性	
		係数	限界効果	係数	限界効果
学歴ダミー ref:中高卒	短大・高専卒	0.4879 (0.3365)	0.0064 (0.0044)	-0.4265** (0.2129)	-0.0109** (0.0055)
	大卒・大学院卒	-0.0490 (0.3832)	-0.0006 (0.0050)	0.0924 (0.2961)	0.0024 (0.0075)
	有配偶ダミー			-0.0049 (0.2613)	-0.0001 (0.0067)
結婚期間ダミー ref:5年以下	6年以上10年未満	-1.1676** (0.4761)	-0.0152** (0.0064)		
	11年以上	-1.1487 (0.7476)	-0.0150 (0.0099)		
	5歳以下の子どもありダミー	0.8970* (0.4621)	0.0117* (0.0062)	-0.1545 (0.3315)	-0.0039 (0.0085)
	6-12歳の子どもありダミー	1.2758** (0.5318)	0.0166** (0.0072)	0.3796 (0.3541)	0.0097 (0.0090)
	子どもの数	-0.1087 (0.2612)	-0.0014 (0.0034)	-0.2340 (0.1801)	-0.0060 (0.0046)
	勤続年数	-0.2576*** (0.0993)	-0.0034** (0.0013)	0.0522 (0.0919)	0.0013 (0.0023)
	勤続年数の2乗項	0.0114* (0.0066)	0.0001* (0.0001)	-0.0024 (0.0061)	-0.0001 (0.0002)
	年齢	-1.0120 (0.9309)	-0.0132 (0.0122)	0.9559 (0.7273)	0.0244 (0.0186)
	年齢の2乗項	0.0183 (0.0157)	0.0002 (0.0002)	-0.0165 (0.0124)	-0.0004 (0.0003)
雇用形態ダミー ref:正規雇用	非正規雇用	1.1154** (0.5548)	0.0145** (0.0074)	1.0382** (0.2164)	0.0265** (0.0058)
業種ダミー ref:製造業	建設業	-0.9376* (0.4792)	-0.0122* (0.0064)	-0.1185 (0.4672)	-0.0030 (0.0119)
	卸売・小売業	0.2698 (0.4573)	0.0035 (0.0060)	-0.9266*** (0.3174)	-0.0236*** (0.0082)
	金融・保険・不動産業	1.0772* (0.5863)	0.0140* (0.0078)	0.1824 (0.3640)	0.0046 (0.0093)
	電気・ガス・水道・熱供給業			-1.1310* (0.6225)	-0.0288* (0.0160)
	サービス業	-0.5712 (0.4525)	-0.0074 (0.0060)	-0.6111** (0.2591)	-0.0156** (0.0067)
職種ダミー ref:事務職	管理職	0.8429 (0.8050)	0.0110 (0.0106)	1.8159 (1.2079)	0.0463 (0.0309)
	技術職・技能・作業職	0.4668 (0.4617)	0.0061 (0.0061)	-0.0023 (0.2425)	-0.0001 (0.0062)
	販売サービス職	1.0438** (0.4701)	0.0136** (0.0063)	0.6131** (0.2616)	0.0156** (0.0067)
企業規模ダミー ref:99人以下	100-999人	-0.9964** (0.3359)	-0.0130*** (0.0046)	-0.8287** (0.2248)	-0.0211*** (0.0059)
	1000人以上	-1.7253*** (0.5134)	-0.0225*** (0.0071)	-1.2994*** (0.3266)	-0.0331*** (0.0086)
市郡規模ダミー ref:政令市・特別区	その他の市	0.0587 (0.3362)	0.0008 (0.0044)	-0.3154 (0.2124)	-0.0080 (0.0054)
	町村	-0.1545 (0.3770)	-0.0020 (0.0049)	-0.8710*** (0.3115)	-0.0222*** (0.0081)
	コーホートダミー	Yes	Yes	Yes	Yes
	年次ダミー	Yes	Yes	Yes	Yes
	定数項	9.2461 (13.6620)		-16.5050 (10.5109)	
	推計手法	Logit		Logit	
	対数尤度	-264.95		-567.42	
	サンプルサイズ	4270		5073	

注1：（　）内の値は標準誤差を示す．
注2：***は1％水準，**は5％水準，*は10％水準で有意であることを示す．
注3：説明変数のうち，空欄になっている男性の電気・ガス・水道・熱供給業ダミーは，サンプルサイズが小さく，推計に使用できなかった場合を示している．
注4：JPSC1993-JPSC2009から筆者作成．

図表5.13 失職が年収, 賃金率, 労働時間に及ぼす影響に関するDIDマッチング推計

男性

Y: 年収の差分	Nearest Neighbor Matching			Kernel Matching		
	ATT	N(トリートメント)	N(コントロール)	ATT	N(トリートメント)	N(コントロール)
失職年(t年)	-54.38*** [19.70]	50	50	-62.42*** [14.30]	50	3829
失職1年後(t+1年)	-34.88 [26.75]	42	42	-69.05*** [15.80]	42	3340
失職2年後(t+2年)	-40.56 [31.98]	40	40	-57.08** [23.04]	40	2980
失職3年後(t+3年)	-38.70 [27.66]	33	33	-56.86*** [20.69]	33	2667
失職4年後(t+4年)	-0.74 [30.98]	31	31	-43.23** [21.59]	30	2381

女性

Y: 年収の差分	Nearest Neighbor Matching			Kernel Matching		
	ATT	N(トリートメント)	N(コントロール)	ATT	N(トリートメント)	N(コントロール)
失職年(t年)	-27.61*** [9.45]	114	114	-21.23*** [6.18]	114	4439
失職1年後(t+1年)	-37.75** [15.02]	66	66	-34.04*** [11.63]	66	3649
失職2年後(t+2年)	-29.37* [17.71]	63	63	-38.69*** [12.56]	63	3060
失職3年後(t+3年)	-18.88 [20.48]	52	52	-34.44*** [12.89]	52	2574
失職4年後(t+4年)	-14.50 [24.92]	43	43	-28.51* [14.80]	43	2163

男性

Y: 時間当たり賃金率の差分	Nearest Neighbor Matching			Kernel Matching		
	ATT	N(トリートメント)	N(コントロール)	ATT	N(トリートメント)	N(コントロール)
失職年(t年)	-79.26 [130.11]	35	35	-92.45 [101.35]	35	3569
失職1年後(t+1年)	-210.60* [116.13]	38	38	-204.11** [81.78]	36	3058
失職2年後(t+2年)	-98.23 [151.21]	33	33	-53.66 [106.74]	33	2712
失職3年後(t+3年)	-210.38 [162.04]	29	29	-196.04* [113.65]	28	2422
失職4年後(t+4年)	-231.98 [169.89]	29	29	-180.57* [95.41]	27	2126

女性

Y: 時間当たり賃金率の差分	Nearest Neighbor Matching			Kernel Matching		
	ATT	N(トリートメント)	N(コントロール)	ATT	N(トリートメント)	N(コントロール)
失職年(t年)	-46.72 [55.31]	79	79	-51.56 [44.98]	79	4544
失職1年後(t+1年)	-117.88* [68.29]	64	64	-77.12 [49.72]	64	3456
失職2年後(t+2年)	-108.34 [80.54]	59	59	-122.65** [67.19]	59	2909
失職3年後(t+3年)	-156.30* [87.66]	52	52	-139.21* [78.41]	52	2474
失職4年後(t+4年)	-35.75 [105.43]	41	41	-56.54 [94.32]	41	2100

男性

Y: 年間労働時間の差分	Nearest Neighbor Matching			Kernel Matching		
	ATT	N(トリートメント)	N(コントロール)	ATT	N(トリートメント)	N(コントロール)
失職年(t年)	-521.90*** [154.25]	40	40	-464.83*** [115.00]	38	3688
失職1年後(t+1年)	58.95 [157.84]	40	40	-15.36 [110.54]	38	3175
失職2年後(t+2年)	-88.11 [152.12]	37	37	-34.18 [113.99]	37	2821
失職3年後(t+3年)	76.29 [185.38]	34	34	82.76 [137.48]	33	2533
失職4年後(t+4年)	112.57 [164.15]	32	32	32.81 [122.87]	30	2233

女性

Y: 年間労働時間の差分	Nearest Neighbor Matching			Kernel Matching		
	ATT	N(トリートメント)	N(コントロール)	ATT	N(トリートメント)	N(コントロール)
失職年(t年)	-224.69** [109.84]	77	77	-220.39*** [83.53]	77	4720
失職1年後(t+1年)	-157.29 [135.03]	64	64	-116.93 [92.18]	64	3597
失職2年後(t+2年)	-149.78 [123.16]	60	60	-70.59 [88.59]	60	3040
失職3年後(t+3年)	-57.86 [145.75]	53	53	-16.17 [95.07]	53	2584
失職4年後(t+4年)	-80.73 [162.05]	44	44	-3.26 [103.16]	44	2198

注1: [ ]内の値はブートストラッピング法によって算出した標準誤差を示す.
注2: *** は1%水準, ** は5%水準, * は10%水準で有意であることを示す.
注3: N(トリートメント)はトリートメントに属する観測値の数を, N(コントロール)は実際にトリートメントの比較対象として推定に用いられたコントロールに属する観測値を示す.
注4: 表中のt年, t+1年, …, t+4年の値は, 失職前年をt−1年, 失職経験時をt年とした場合の各時点を示している.
注5: 分析に使用している年収の差分は, 各時点の年収から失職前年のt−1年の年収を引くことで算出している.
注6: Kernel Matchingのバンド幅は0.06としている.
注7: JPSC1993-JPSC2009から筆者作成.

ている可能性がある．

これに対して女性の場合，失職1年後，2年後，3年後において賃金率が低下する傾向があり，それが所得低下の要因となっている可能性がある．男女とも失職後に賃金率の低下を経験しているため，継続就業した場合よりも低い生産性しか発揮できていない可能性が考えられる．この背景には失職による人的資本の蓄積の遅れや教育訓練量の低下といった要因が影響を及ぼしていると考えられる．

次に男性の労働時間の変化をみると，いずれのマッチング法においても失職年のみ負に有意であった．この傾向は女性でも同様であり，男女とも失職年に大きく労働時間が落ち込むものの，それ以降になると継続就業者と労働時間に違いがみられなくなるといえる．この結果から，男女とも失職年に特に労働時間が落ち込んでおり，それが失職年における所得低下の要因となっている可能性がある．

以上の結果をまとめると，男女両方とも失職を経験することで持続的な所得低下に直面していた．この結果は佐藤（2015）と整合的だといえる．この背景についても検証したが，失職年では労働時間の低下が主な原因であり，失職年以降になると時間当たり賃金率の低下が主な原因となっていた．ここで特に注目されるのは，賃金率の低下である．この背景には失職による人的資本の蓄積の遅れや教育訓練量の低下といった要因が考えられるが，大橋・中村（2002）で指摘されるように再就職先企業とのマッチングの悪化の可能性も考えられる．

5.7 結論

本章の目的は，家計経済研究所の「消費生活に関するパネル調査」を用い，35歳以下の若年時における失職経験がその後の年収，時間当たり賃金率，年間労働時間に及ぼす影響を検証することであった．Heckman, Ichimura and Todd (1997) のDIDマッチング法を用い，失職経験者と継続就業者の個人属性の差を考慮した分析の結果，男女両方とも失職4年後まで持続的な所得低下を経験していることがわかった．この背景を分析した結果，失職年には労働時間の低下による影響が大きく，それ以降になると時間当たり賃金率の低

下が大きな影響を及ぼしていた．この傾向は，Kletzer and Fairlie（2003）の分析結果とほぼ整合的である．以上の分析結果から明らかなとおり，失職後の所得低下には賃金率の低下が長い期間にわたって影響を及ぼしているといえる．この背景として，わが国の労働市場の特徴を考慮すると，失職による人的資本の蓄積の遅れや教育訓練量の低下といった要因が存在していると考えられる．

　若年時の場合，転職率も高く，さまざまな職を経験することで自らの適性を探る時期だと考えられる．しかし，非自発的な理由で失職し，その後転職した場合，その経済的損失は小さくないため，必ずしもすべての転職者が望ましい結果を得ているわけではないといえる．樋口（2001）は転職者のほうが継続就業者よりも賃金上昇率が高くなると指摘したが，その転職がどのような理由によって行われたのかといった点を考慮すると，必ずしも転職者の賃金上昇率のほうが高いわけではないといえる．むしろ，若年で失職を経験した場合，それによる生産性の低下を補うためにも，より積極的な政策支援が必要になると考えられる．

　最後に本稿に残された課題について述べておきたい．JPSCは若年層の比率の多いデータであるため，他のパネルデータよりも若年の失職件数は多いものの，その数は必ずしも十分ではなかった．このため，今後の研究課題として，より規模の大きなデータを用い，今回得られた結果と同様の結果が得られるかどうか確認する必要がある．

第6章

まとめと今後の展望

　本書の目的は，近年の日本的雇用慣行の変化によって，わが国の労働者の転職行動にどのような変化がみられるのかを検証することであった．具体的には，さまざまな政府統計やパネルデータを用い，わが国の転職行動の現状や転職が賃金に及ぼす影響を検証した．これまでの各章での分析の結果，次の2点が明らかになった．

　1点目は，転職行動についての分析の結果，時系列的に転職者割合は上昇してきているものの，その背景には非正規雇用者の拡大等が影響を及ぼしており，正規雇用就業者に限定すると，若年層以外では大きな変化は確認できなかった．

　2点目は，転職と賃金の関係の分析の結果，継続就業時と比較して，転職後の賃金や賃金変化率に明確な差は確認できなかった．しかし，転職が非自発的な理由で行われていた場合，持続的に賃金が低下する傾向にあった．

　以上の分析結果から，わが国の労働市場において労働移動が活発化したのかと問われれば，確かに活発化した部分はあるものの，依然として日本的雇用慣行の影響は大きいといえる．海外と比較して，外部労働市場を通じた労働移動はまだ少ない．しかし，わが国の産業構造の変化に対処し，経済成長を達成していくためにも，衰退産業から成長産業へと人材の移動を促す外部労働市場の機能強化は，喫緊の課題だといえる．

　それでは外部労働市場の機能を強化し，労働移動を活発化していくためにはどのような方策が必要となるのだろうか．この点に関して，樋口・児玉・阿部（2005）や阿部（2005）と同様に，労働市場における情報の不完全性の解

消と労働者の能力開発の促進が重要だと考えられる[45]．前者については，労働市場のどの産業，職種，地域で労働需要が大きく，どのような技能・知識が求められているのかといった情報が労働者に伝わらなければ，そもそも労働移動が発生しない．このため，労働需要側と労働供給側の情報の不完全性の解消は，円滑な労働移動の達成には必要不可欠となる．この点に関して，近年ではインターネットの普及や民間職業紹介の拡大もあり，以前よりも情報取得にかかるコストが低下している．さらに，2014年9月からハローワークの求人情報を地方自治体および民間職業紹介事業者にも提供可能となったため，求職者もより多くの企業求人にアクセス可能となった．このような政策は望ましいと考えられるものの，若干の改善の余地が残っている．それは現行の制度では民間職業紹介事業者に求人情報を提供し，職業紹介を行う場合，手数料が発生する場合があり，求人企業が積極的な情報提供を行わない恐れがあるという点である．より幅広い情報提供を行うためには，手数料を公的な資金で補助するほうが望ましいだろう．

次に後者の能力開発について，わが国の政策をみると，労働者に対しては公共職業訓練，ジョブ・カード制度，キャリア・コンサルティング，教育訓練給付制度などの幅広い支援策が提供されている[46]．これらの政策を積極的に活用し，労働市場で求められる技能や知識を身につけることは，円滑な労働移動の達成には欠かせない．特に，産業構造が変化し，医療・福祉や介護を中心とした産業の需要が拡大しているわが国の現状を考慮すると，産業移動を活性化できる能力開発促進策が強く求められる．これに関連する個別の政策として，労働移動支援助成金がある．労働移動支援助成金は，「事業規

---

[45] 労働移動を促進する方法の1つとして，解雇規制の緩和といった方法も考えられる．解雇規制を緩和し，企業の正規雇用就業者を辞めさせやすいようにすれば，その分新規雇用も増加し，雇用の流動化が促進されると考えられるためである．しかし，第5章の分析結果から明らかなとおり，失職によって労働者が被る経済的なコストは大きく，持続的である．このため，解雇規制の緩和によって確かに雇用の流動化が促進される可能性があるものの，労働者の負担も大きく増加する恐れがあるため，慎重に考える必要がある．

[46] 事業主に対してはキャリア形成促進補助金，キャリアアップ助成金，在職者訓練，ものづくりマイスター，職業能力開発サービスセンターなどが提供されている．

第6章　まとめと今後の展望

模の縮小などに伴い離職を余儀なくされた従業員に対し，再就職の支援や，その受入れを行う事業主に助成金を支給」[47]するものであり，労働者の再就職の促進を目的とする制度である．労働移動支援助成金は，2014年3月から内容が拡充され，「再就職支援の一部として訓練・グループワークの実施を委託した場合の上乗せ助成」と「対象者に求職活動のための休暇を付与した場合の助成」が新たに追加された．さらに，「受入れ人材育成支援奨励金」が新規に創設された．受入れ人材育成支援奨励金は，転職者を受け入れた後に，その労働者に対して訓練（Off-JTのみか，Off-JTとOJTの両方）を行った事業主に対して助成金を支給する制度である．これらの新たな政策は産業間移動を達成するのに有効な政策となりうるため，今後さらなる周知と利用促進が求められる．特に，近年のように求められる技能が高度化し，能力開発に必要となる金銭的，時間的コストが拡大している状況を考慮すると，これらの制度の重要性は高い．

ただし，ここでは次の2点に注意を払う必要がある．1つ目は，これらの政策が本当に目的達成に有効に機能しているのか，といった点である．これらの政策が労働者に及ぼした影響は，必ずしも定量的に検証されたわけではなく，その効果には不明確な点も存在する．理論的には正しいと考えられる政策でも，実行する際にさまざまな困難に直面し，効果を発揮しない場合もある．この場合，政策の改善が必要となる．財政的に厳しいわが国の現状を考慮すると，政策の実施とその効果の定量的な検証，そして，政策の改善といったPDCAサイクルを回していくことは，必要不可欠だといえる．

2つ目は，成長産業の改革である．総務省の「労働力調査」をみると，わが国では医療，福祉を中心としたサービス業で雇用が拡大している．データが比較可能な2002年から2013年までの間で，医療，福祉の産業で264万人ほど雇用者が増加している[48]．しかし，内閣府（2014）によれば，医療，福祉

---

[47] カッコ内は厚生労働省HPの記載（http://www.mhlw.go.jp/file/06-Seisakujouhou-11600000-Shokugyouanteikyoku/0000047372.pdf）を転載したものである．
[48] 2002年の医療，福祉で働く雇用者数と2013年の同産業で働く雇用者数の差分をとることで算出．なお，最も労働者数が減少したのは製造業であり，122万人ほど雇用者が減少した．

を含むサービス業の労働生産性の水準および上昇率は低い．また，厚生労働省の「賃金構造基本統計調査」をみると，サービス業の賃金水準は他の産業と比較して高いとは言い難い．つまり，雇用が伸び，成長している産業の生産性は低く，賃金も高くはないのである．この場合，成長産業であるサービス業への転職は，賃金の低下につながる可能性もあるため，労働者の視点から経済合理的な行動とはいえず，能力開発を支援しても産業間移動が進まないことも考えられる．この状況を改善するためにも，医療，福祉を含むサービス業全体の改革に取り組み，労働生産性および賃金の上昇を達成することが重要となる．

　能力開発に関しては，政策による支援だけでなく，労働者個々人の自発的な取り組みも重要となる．樋口・児玉・阿部（2005）などの研究で指摘されているように，能力開発の主体は徐々に企業から労働者に移行しつつある．このため，労働者が主体的に能力開発を行わなければ，より高いパフォーマンスを発揮することが困難となり，最悪の場合，自分の雇用を維持できなくなる恐れがある．この点に対処するためにも，労働者は自発的な能力開発を行い，キャリア形成に積極的にかかわる姿勢が求められる．

　しかし，現状をみると，原（2014）で指摘されるように，個人主体の能力開発は2000年以降に減少傾向にあるか，もしくは横ばいといった状況にある．この背景にはもともと能力開発を行わない傾向のある非正規雇用者数の増加といった要因が影響を及ぼしていると考えられるが（原，2014），それ以外にも個人の能力開発による明確な効果がみられにくいといった点も影響していると考えられる．原（2014）や阿部・黒澤・戸田（2005）の分析結果から，個人主体の能力開発が賃金の上昇につながっていないことが明らかになっている．しかし，吉田（2004）の分析結果から，すべての能力開発が賃金を増加させるわけではなく，通学講座や通信講座の受講4年後に年収が上昇したことが明らかになっている．また，小林・佐藤（2013）は個人主体の能力開発の中でも通学による能力開発が再就職確率を高めると指摘している．これらの分析結果が示すように，特定の能力開発が賃金や労働移動に効果的であると考えられる．このため，どのような能力開発が有効なのかを個々の労働者に周知させる必要があるだろう．

論文の出所一覧

　本書の各章の論文の出所は，次のとおりである．
第1章　書下ろし
第2章　書下ろし
第3章　書下ろし
第4章　佐藤一磨（2014b）「日本における転職コストの再推計－転職によって賃金は上昇するのか，それとも低下するのか－」一橋大学経済研究所社会科学統計情報研究センター研究集会「ミクロデータから見た我が国の社会・経済の実像」での発表論文を加筆・修正し掲載
第5章　書下ろし
第6章　書下ろし

参考文献

Altonji, J. G. and R. A. Shakotko. "Do Wages Rise with Job Seniority?" *Review of Economic Studies*, 1987, 54, pp. 437–459.

Becker, G. S. "Investment in Human Capital: A Theoretical Analysis," *Journal of Political Economy*, 1962, 70 (5), Part II, pp. 9–49.

Blumen, I., M. Kogan, and P. J. McCarthy. *The Industrial Mobility of Labor* as a Probability Process, Ithaca, NY: Cornell University Press, 1955.

Booth, A. L., M. Francesconi, and C. Garcia-Serrano. "Job Tenure and Job Mobility in Britain," *Industrial and Labor Relations Review*, 1999, 53(1), pp. 43–70.

Burdett, K. "A Theory of Employee Job Search and Quit Rates," *American Economic Review*, 1978, 68, pp. 212–220.

Couch, K. A. and Placzek, D. W. "Earnings Losses of Displaced Workers Revisited," *American Economic Review*, 2010, 100(1), pp. 572–589.

Chuma, H. "Is Japan's Long-term Employment System Changing?" in Isao Ohashi and Toshiaki Tachibanaki (eds.), Internal Labour Markets, Incentive and Employment, London: Macmillan Press, 1998, pp. 225–268.

Dehejia, R. and S. Wahba. "Causal Effects in Non- Experimental Studies: Re-Evaluating the Evaluation of Training Programs," *Journal of American Statistical Association*, 1999, 94, pp. 1053–1062.

Dehejia, R. and S. Wahba. "Propensity Score Matching Methods for Non-Experimental Causal Studies," *Review of Economics and Statistics*, 2002, 84, pp.151–161.

Genda, Y., A. Kondo, and S. Ohta "Long-term Effects of a Recession at Labor Market Entry in Japan and the United States," *Journal of Human Resources*, 2010, 45(1), pp. 157–196.

Gregg, P. and J. Wadsworth. "A Short History of Labour Turnover, Job Tenure, and Job Security, 1975–93," *Oxford Review of Economic Policy*, 1995, 11(1), pp. 73–90.

Guo, S. and M. W. Fraser. *Propensity Score Analysis Statistical Methods and Applications*, SAGE Publications, Inc, 2010.

Hall, R. "The Importance of Lifetime Jobs in the U.S. Economy," *American Economic Review*, 1982, 72, pp. 275–284.

Hashimoto, M. "Firm Specific Human Capital as a Shared Investment," *American Economic Review*, 1981, 71, June, pp. 475–482.

Hausman, J. A. and W. E. Taylor. "Panel Data and Unobservable Individual Effects," *Econometrica*, 1981, 49(6), pp. 1377–1398.

Heckman, J. J., H. Ichimura, and P. Todd. "Matching as an Econometric Evaluation Estimator: Evidence from Evaluation a Job Training Programme," *Review of Economics and Sta-

tistics, 1997, 64, pp. 605-654.

Heckman, J. J., H. Ichimura, J. Smith, and P. Todd "Characterizing Selection Bias Using Experimental Data," *Econometrica*, 1998, 66, pp. 1017-1098.

Imbens, G. "Nonparametric Estimation of Average Treatment Effects under Exogeneity: A Review." *Review of Economics and Statistics*, 2004, 86(1), pp.4-29.

Jacobson, L., LaLonde, R. and Sullivan, D. "Earnings losses of displaced workers," *American Economic Review*, 1993, 83, pp. 685-709.

Johnson, W. R. "A Theory of Job Shopping," *Quarterly Journal of Economics*, 1978, 92, pp. 261-277.

Jovanovic, B. "Job Matching and the Theory of Turnover," *Journal of Political Economy*, 1979a, 87, pp. 972-990.

Jovanovic, B. "Firm-Specific Capital and Turnover," *Journal of Political Economy*, 1979b, 87, pp. 1246-1259.

Kambayashi, R and Kato, T. "The Japanese Employment System after the Bubble Burst: New Evidence," prepared for Conference on Japan's Bubble, Deflation and Long-term Stagnation, December 11-12, 2008, Federal Reserve Board of San Francisco.

Kato, T. "The End of Lifetime Employment in Japan? Evidence from National Surveys and Field Research," *Journal of the Japanese and International Economies*, 2001, 15(4), pp. 489-514.

Keith, K. and A. McWilliams. "The Wage Effects of Cumulative Job Mobility," *Industrial and Labor Relations Review*, 1995, 49(1), pp. 121-137.

Keith, K. and A. McWilliams. "The Returns to Mobility and Job Search by Gender," *Industrial and Labor Relations Review*, 1999, 52(3), pp. 460-477.

Kletzer, L. G. and Fairlie, R. W. "The Long- Term Costs of Job Displacement among Young Adult Workers," *Industrial and Labor Relations Review*, 2003, 56(4), pp. 682-698.

Kondo, A. "Does the First Job Really Matter? State Dependency in Employment Status in Japan," *Journal of the Japanese and International Economies*, 2007, 21, pp. 379-402.

Light, A. and K. McGarry. "Job Change Patterns and the Wages of Young Men," *The Review of Economics and Statistics*, 1998, 80 (2), pp. 276-286.

Mincer, J. "Wage Changes in Job Changes," *Research in Labor Economics* 8, pt. A 1986, pp. 171-197.

Mincer, J. and Higuchi, Y. "Job Training, Wage Growth and Labor Turnover," *Journal of the Japanese and International Economies*, 1988, 2, pp. 97-133.

Moriguchi, C and Ono, H. "Japanese Lifetime Employment: A Century's Perspective," EIJS Working Paper Series, 2004, No.205.

Rosenbaum, P. R., and D. B. Rubin "The Central Role of the Propensity Score in Observational Studies for Causal Effects" *Biometrika*, 1983, 70(1), pp. 41-55.

Shimizutani, S and Yokoyama, I. "Has Japan's Long-term Employment Practice Survived ? Developments since the 1990s," *Industrial and Labor Relations Review*, 2009, 62（3）, pp. 313-326.

Topel, R. H., and M. P. Ward. "Job Mobility and the Careers of Young Men," *Quarterly Journal of Economics*, 1992, 108, pp. 439-479.

von Wachter, T, Song, J. and Manchester, J. "Long-Term Earnings Losses due to Job Separation during the 1982 Recession: An Analysis Using Longitudinal Administrative Data from 1974 to 2004," mimeo, 2009, Columbia University.

Winkelmann, R. *Count Data Models - Economic Theory and an Application to Labor Mobility*, Lecture Note in Economics and Mathematical Systems, 410. Berlin: Springer-Verlag, 1994.

阿部正浩「転職前後の賃金変化と産業特殊的スキルの損失」『日本経済の環境変化と労働市場』東洋経済新報社，2005, pp.63-79.

阿部正浩・黒澤昌子・戸田淳仁「教育訓練給付制度と公的資格が持つ効果とは」樋口美雄・児玉俊洋・阿部正浩『労働市場設計の経済分析―マッチング機能の強化に向けて』東洋経済新報社，2005, pp. 283-308.

岡本弥・照山博司「仕事の「満足度」と転職」瀬古美喜・照山博司・山本勲・樋口美雄・慶應-京大連携グローバルCOE編著『日本の家計行動のダイナミズムⅥ』慶應義塾大学出版会，2010, pp. 115-138.

太田聰一「景気循環と転職行動―1965～94―」中村二郎・中村恵編『日本経済の構造調整と労働市場』日本評論社，1999, pp. 13-42.

太田聰一『若年者就業の経済学』日本経済新聞出版社，2010.

大橋勇雄・中村二朗「転職のメカニズムとその効果」玄田有史・中田喜文編『リストラと転職のメカニズム』東洋経済新報社，2002, pp. 145-173.

北村行伸「パネルデータの意義とその活用-なぜパネルデータが必要になったのか」『日本労働研究雑誌』2006, No. 551, pp. 6-16.

黒澤昌子・玄田有史「学校から職場へ―「七・五・三」転職の背景」『日本労働研究雑誌』2001, No. 490, pp. 4-18.

黒澤昌子「積極労働政策の評価レビュー」『フィナンシャル・レビュー』2005, No. 77, pp. 197-220.

玄田有史「リストラ中高年の行方」玄田有史・中田喜文編『リストラと転職のメカニズム』，東洋経済新報社，2002, pp. 25-49.

厚生労働省『労働市場分析レポート 第15号 転職入者の賃金変動に関する状況』http://www.mhlw.go.jp/seisakunitsuite/bunya/koyou_roudou/koyou/roudou_report/dl/20130730_02.pdf, 2013.

厚生労働省『能力開発基本調査』http://www.mhlw.go.jp/toukei/list/104-1.html.

小林徹・佐藤一磨「自己啓発の実施と再就職・失業・賃金」瀬古美喜・照山博司・山

本 勲・樋口美雄・慶應-京大連携グローバルCOE編著『日本の家計行動のダイナミズムIX』慶應義塾大学出版会, 2013, pp. 85-116.
近藤絢子「失職が再就職後の賃金にもたらす影響の経済分析-先行研究の展望と今後の課題」『日本労働研究雑誌』2010, No. 598, pp.29-37.
佐藤一磨・梅崎修・上西充子・中野貴之「新卒需要変動と就活の結果」平尾智隆・梅崎修・松繁寿和（編著）『教育効果の実証　キャリア形成における有効性』日本評論社, 2013, pp. 111-132.
佐藤一磨「夫の失業前後の妻の就業行動の変化について」内閣府経済社会研究所『経済分析』2013a, vol.186, pp. 118-138.
佐藤一磨「Propensity Score Matching法を用いた男性のマリッジプレミアムの検証」『経済分析』2013b, vol. 187, pp. 47-68.
佐藤一磨「失職経験が所得低下に及ぼす影響」内閣府経済社会研究所『経済分析』2015, vol. 189, pp. 3-24.
佐藤一磨「日本における転職コストの再推計―転職によって賃金は上昇するのか，それとも低下するのか―」一橋大学経済研究所社会科学統計情報研究センター研究集会「ミクロデータから見た我が国の社会・経済の実像」, 2014b.
戸田淳仁・馬欣欣「若年時の転職がその後の賃金に及ぼす影響」KUMQRP DISCUSSION PAPER SERIES DP2004-23, 2004.
戸田淳二「職種経験はどれだけ重要になっているのか―職種特殊的人的資本の観点から」『日本労働研究雑誌』2010, No. 594, pp. 5-19.
内閣府『平成25年度　年次経済財政報告』2013.
内閣府『産業別生産性の動向等について』「選択する未来」委員会，成長・発展ワーキング・グループ会議資料 2014.
西村孝史「就業形態の多様化と企業内労働市場の変容-「ワーキングパーソン調査2006」の再分析」『日本労働研究雑誌』2008, No. 571, pp. 145-157.
日本銀行調査統計局「正社員の企業間移動と賃金カーブに関する事実と考察―日本的雇用慣行は崩れたのか―」BOJ Report & Research Papers, 2010.
濱秋純也・堀雅博・前田佐恵子・村田啓子「低成長と日本的雇用慣行―年功賃金と終身雇用の補完性を巡って―」『日本労働研究雑誌』2011, No. 611, pp. 26-37.
原ひろみ『職業能力開発の経済分析』勁草書房, 2014.
服部良太・前田栄治「日本の雇用システムについて」『日本銀行調査月報』, 2000年1月号.
樋口美雄『日本経済と就業行動』東洋経済新報社, 1991.
樋口美雄『雇用と失業の経済学』日本経済新聞出版社, 2001.
樋口美雄・児玉俊洋・阿部正浩『労働市場設計の経済分析―マッチング機能の強化に向けて』東洋経済新報社, 2005.
前田佐恵子・濱秋純哉・堀雅博・村田啓子「新卒時就職活動の失敗は挽回可能か？

家計研パネルの個票を用いた女性就業の実証分析」ESRI Discussion Paper Series No. 234, 2010.

山本勲「高齢者雇用安定法改正の効果分析―60歳代前半の雇用動向」樋口美雄・瀬古美喜・慶應義塾大学経商連携21世紀COE編著『日本の家計行動のダイナミズムIV 制度政策の変更と就業行動』慶應義塾大学出版会，2008, pp. 161-173.

勇上和史「転職と賃金変化：失職者データによる実証分析」JILPT Discussion Paper 05-004, 2005.

吉田恵子「自己啓発が賃金に及ぼす効果の実証分析」『日本労働研究雑誌』2004, No. 532, pp. 40-53.

著者紹介

佐藤　一磨

2005年　慶應義塾大学商学部卒業
2007年　慶應義塾大学大学院商学研究科修士課程修了
2010年　慶應義塾大学大学院商学研究科博士課程単位
　　　　取得退学
2013年　慶應義塾大学大学院商学研究科から博士号
　　　　（商学）を取得
現在　　明海大学経済学部専任講師
　　　　元・三菱経済研究所研究員

日本における労働移動に関する実証分析

2015年3月 5 日印刷
2015年3月10日発行

定価　本体2,000円＋税

著　者　　佐(サ)藤(トウ)　一(カズ)　磨(マ)

発行所　　公益財団法人　三菱経済研究所
　　　　　東京都文京区湯島 4-10-14
　　　　　〒113-0034 電話 (03)5802-8670

印刷所　　株式会社　国際文献社
　　　　　東京都新宿区高田馬場 3-8-8
　　　　　〒169-0075 電話 (03)3362-9741〜4

ISBN 978-4-943852-52-0